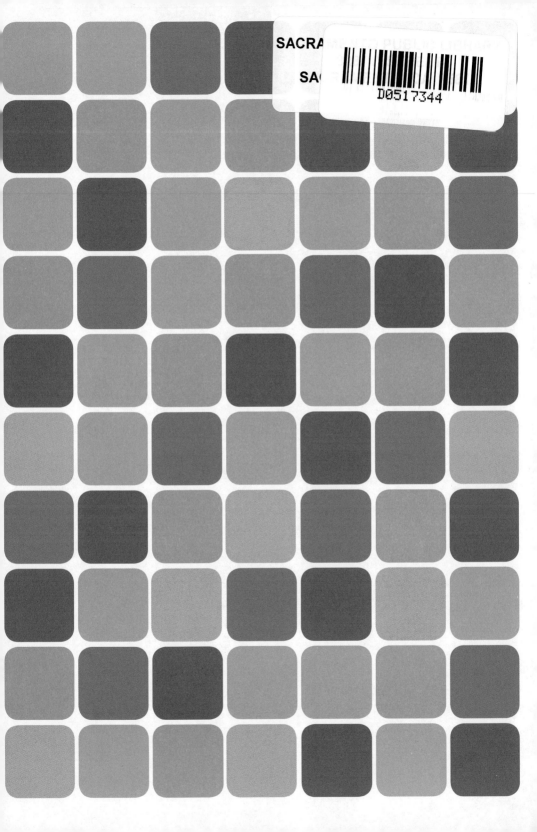

YOUTUBER
SCHOOL

SEBASTIÁN VILLALOBOS

YOUTUBER SCHOOL

16 LECCIONES PARA TENER ÉXITO EN LA WEB

Planeta

Obra editada en colaboración con Editorial Planeta Colombiana – Colombia

Diseño y diagramación: Departamento de diseño Grupo Planeta
Fotografías de portada e interiores: Miguel Ángel Torres

© 2016, Juan Sebastián Marroquín Santos
© 2016, Editorial Planeta Colombiana, S.A. – Bogotá, Colombia

Derechos reservados

© 2016, Editorial Planeta Mexicana, S.A. de C.V.
Bajo el sello editorial PLANETA M.R.
Avenida Presidente Masarik núm. 111, Piso 2
Colonia Polanco V Sección
Deleg. Miguel Hidalgo
C.P. 11560, Ciudad de México
www.planetadelibros.com.mx

Primera edición publicada en Colombia: abril de 2016
ISBN: 978-958-42-5010-0

Primera edición impresa en México: junio de 2016
ISBN: 978-607-07-3513-4

Impreso en los talleres de Encuadernación Domínguez
Progreso núm. 10, colonia Centro Ixtapaluca, Estado de México
C.P. 56530, México
Impreso en México – *Printed in Mexico*

CONTENIDO

INTRODUCCIÓN

HOLA, ¿CÓMO ESTÁN TODOS? MI NOMBRE ES SEBASTIÁN VILLALOBOS Y BIENVENIDOS A UN NUEVO VIDEO, DIGO, ¡LIBRO! AQUÍ TE ESTARÉ COMPARTIENDO EN 16 LECCIONES TODO LO QUE HE IDO APRENDIENDO DURANTE ESTOS AÑOS SIENDO YOUTUBER, Y TODAVÍA SIGO APRENDIENDO. PERO ANTES DE COMENZAR, DÉJAME CONTARTE QUIÉN SOY Y CÓMO LLEGUÉ A INTERNET Y CÓMO CREÉ MI CANAL EN YOUTUBE.

BUCARAMANGA

Nací en Bucaramanga en 1996 en una familia humilde pero muy unida. Mi mamá, Karen Viviana Villalobos, tenía 17 años en ese momento y mi papá, el señor de bolsita de papel en la cabeza, tenía 19. Eran muy jóvenes y no tenían la suficiente experiencia para traer una vida al mundo; sin embargo, llegué yo. Entonces, con el tiempo tuvieron problemas y decidieron separarse. Yo me crie con mi mamá, quien supo hacer las labores de padre y madre todo el tiempo. A mi papá lo veía los fines de semana hasta que cumplí seis años, luego no lo vi más. Pero a pesar de ello, puedo decir que mi mamá se encargó de darme todo lo necesario.

AQUÍ TE DEJO UN PEQUE-ÑO RESUMEN DE MI VIDA.

Desde siempre he sido apasionado por la tecnología, y en esto me apoyó mucho Orlando, un hombre muy chistoso, gran amigo de la familia, súper moderno y mi figura paterna en medio de todas las mujeres entre las que me crie. Recuerdo que llegaba siempre a mi casa con celulares de última generación a poner su música y yo le pedía prestado su teléfono para descargar juegos y entretenerme. También empecé a explorar qué otras cosas nuevas podrían hacer los teléfonos.

AQUÍ TE DEJO UN VIDEO EN DONDE ESTOY CON ORLANDO, PARA QUE LO CONOZCAS.

Mi "primer celular" lo tuve cuando estaba en segundo de primaria y parecía una calculadora, ni siquiera servía. Tenía tapa y antena, y yo lo sacaba en el colegio para simular que hablaba en él, y podía durar hasta ¡20 minutos hablando! Lo hacía porque en ese entonces nadie tenía celular y quería que pensaran que yo sí tenía uno (jajaja), pero era un niño y en realidad no tuve un celular sino hasta mucho después de que mi mamá me compró uno.

En el colegio me iba súper bien y en clase de informática me volvía loco, era mi materia favorita; podía hacer cosas en el computador que mis compañeros no podían hacer, como entrar a Internet. Era muy curioso y siempre estaba buscando aprender cosas nuevas. En ese entonces no era tan sencillo, generalmente, en esa época en las casas no habían computadores porque eran muy costosos. Para acceder a uno, tenía que ir a un cibercafé, pero el problema es que tampoco había muchos.

En clase me enseñaban a manejar Word, Paint y ese tipo de programas pero yo me aburría, así que hacía el trabajo rapidísimo y me ponía a buscar otras cosas. Así encontré muchos juegos en el computador, y luego le enseñaba a mis amigos cómo encontrarlos también. Quienes en ese entonces me decían "Gracias gordo". A decir verdad no me gustaba que me llamaran así, pero no les decía nada porque en realidad sí era gordito y además muy *nerd*. Siempre hacía las tareas el mismo día que las dejaban, no podía salir con mis amigos, ni jugar en el PlayStation que me había regalado mi abuelita hasta que no las terminara, eran órdenes de mi mamá; lo que sí me gustaba era ver tele mientras las hacía.

Cuando tenía nueve años mi mamá me pagó un curso de computación e informática que duró más o menos dos meses. Allí me hice todo un experto y aprendí a buscar más juegos en Internet. En el curso había personas que sabían mucho más que yo, entonces yo les preguntaba y a veces me decían cómo hacían las cosas, en otras ocasiones eran un poco envidiosos y no me decían, pero en realidad aprendí mucho, siempre trataba de ser el primero en terminar los ejercicios, lo veía como una competencia. El diploma debe estar todavía en ese lugar, si es que todavía existe, porque nunca lo fui a reclamar. Eso tiene una explicación y es que nos fuimos a vivir a Bogotá.

BOGOTÁ

Mi mamá y yo llegamos a Bogotá con una meta en la cabeza, que ella consiguiera un trabajo, pero solo teníamos una semana para lograrlo. De no ser así hubiéramos tenido que regresar a Bucaramanga y no

sé qué habría sido de mí y de todo lo que hoy en día hago. En Bucaramanga tenía a todos mis amigos y a mi familia, pero cuando llegué
a Bogotá a hacer quinto de primaria no conocía a muchas personas,
entonces pasaba mucho tiempo en Internet.

Cuando estaba en séptimo, creé mi primera cuenta de Facebook,
escribí que tenía 21 años, porque en ese momento yo tenía 12 años y a
los menores de edad no les era permitido tener una cuenta. Utilizaba
Facebook más que todo para jugar. A los 13 años mi mamá me dio a
escoger entre un viaje a Cartagena o un computador, por obvias razones yo escogí el computador, recuerdo que era de color negro.

Justo en ese año me hicieron una operación en el pie que me hizo
estar tres meses en cama y eso me permitió pasar más tiempo en el
computador. Me gustaba hacer listas de reproducción, jugar, navegar en Internet y escuchar música, que es otra de mis pasiones. Fue
allí que tuve mis primeros acercamientos a YouTube.

YOUTUBE

Cuando empecé a ver videos en YouTube, observaba que la persona
que siempre aparecía en la página principal (yo en ese momento no
tenía ni idea qué era una página principal) era Shane Dawson. Él tenía un peinadito emo y utilizaba artistas de moda para desarrollar los
temas de sus videos burlándose de ellos. Cuando veía a Shane, apare-
cían algunas recomendaciones para mí como Smosh y Ray William
Johnson, que fueron unos de los primeros youtubers que salieron en
Estados Unidos.

014 ←
015 →

El primer youtuber latinoamericano que vi era Mox de *What da
Faq Show*, sin saber qué era un youtuber, luego dejé de ver videos de
forma constante y me dediqué a jugar en línea. En ese año mi mamá
decidió retirarme del colegio por algunos rumores que comenzaron a
existir como consecuencia de tener un amigo homosexual, a la gente
siempre le gustaba inventar cosas para ocupar su tiempo en algo. Así
fue cómo llegué al Colegio de la Reina. Al principio me costó trabajo
acoplarme porque no estaba de acuerdo con algunas de sus normas;
sin embargo, hice muy buenos amigos. Una de ellas fue Gina, que
desde que la ví me gustó pero caí en la *friend zone*. Fuimos mejores

amigos por ocho meses, hasta que un día decidí contarle lo que sentía, y para mi sorpresa, ella también sentía lo mismo. Tuvimos una relación bastante corta, a decir verdad...

...SI QUIERES SABER QUÉ PASÓ, MIRA ESTE VIDEO:

Cuando estaba en noveno grado, comenzó la moda del BlackBerry. Con ese celular podía estar más pendiente de las redes sociales, ahí podía ver cuáles eran las tendencias. Tenía muchos amigos en Facebook, a veces eran personas que ni siquiera conocía. Escribía algunas publicaciones de diferentes temas y al final del día analizaba cuál era el *post* con más *likes*, entonces escribía más sobre eso. Creé una cuenta de Twitter, exactamente el 21 de agosto de 2010 a las 4:05 de la tarde, y aunque esta parte me avergüenza un poco, lo dejé de usar porque no tenía ni idea para qué servía.

También creé una cuenta de Tumblr, que aún existe, pues en ese momento le empecé a tomar mucho gusto a la fotografía. Con la cámara que me regaló mi mamá de Navidad intentaba imitar los planos de las fotos que más me gustaban, incluso en ocasiones utilizaba elementos de maquillaje para pintar bigotes en mi cara, entre otras cosas.

Por otro lado, a mi prima Luisa le regalaron una filmadora, y junton con Mafe y Kiara, otras dos primas, hacíamos parodias de todo lo que veíamos en televisión, nos divertíamos mucho grabando y al final revisábamos el material y nos reíamos solos. Nunca pudimos publicar ese contenido porque la filmadora era de cassette.

Un día vi una publicación en Facebook de un video de un chico con afro, ese video me llevó a otro y a otro y a otro. Me gustaron mucho porque él interactuaba con la gente, había conexión, cercanía y, a pesar de que era una persona muy conocida, también era un ser común y corriente, no como los famosos que a veces parecen inalcanzables.

Fue ahí que empecé a entender que la interacción con el público es una característica de las personas que se hacen conocidas por Internet y me llamó tanto la atención que busqué la forma de contactarlo.

Nos hicimos amigos por Facebook, después lo conocí personalmente junto con otros youtubers (ahí a penas empezaba a escuchar el término). En un segundo evento al que asistí conocí a Juan Pablo Jaramillo, Sebasdice, Matu y a muchos otros chicos que hacían videos también. Les hice muchas preguntas, necesitaba saberlo todo, pues yo quería hacer lo mismo.

Semanas después me encontraba viendo mi serie preferida que era *Drake & Josh* estaba en medio de una maratón de 30 horas y mientras veía mi capítulo favorito llegó una idea a mi cabeza: grabar mi primer video. Tenía que tomar una decisión en ese momento, entre seguir viendo la serie o tomar ese gran primer paso. Hoy día, todavía me pregunto qué hubiese pasado si me hubiera quedando viendo la televisión. Después de rogarle por casi una hora a mi mamá para que me prestara su cámara, finalmente empecé a grabar mi primer video. En esa semana grabé y subí otros dos videos más, los cuales alcanzaron sorprendentemente entre 300 y 500 reproducciones en una semana. ¡Fue un sentimiento increíble!

El chico con afro vio mis videos y me propuso hacer videos con él, pues estos estaban mejor producidos que los que yo había hecho con la cámara de mi mamá y del celular. Ahora la pregunta era: ¿sobre qué hacer videos? Él me sugirió buscar algo con lo cual me sintiera identificado y me mostró algunas referencias que podía seguir, así fue como llegamos al Sebastián Villalobos *nerd*.

Antes de hablarles de mi primer video, quiero contarles algo sobre un elemento muy importante en los videos: el cubo de Rubik y sus piezas. Como pueden imaginar, el colegio es como un mini-Internet porque se pueden ver marcadas todas la tendencias.

Un día Helmer, mi mejor amigo del colegio, llegó con su cubo de Rubik y no podíamos armarlo, entonces un fin de semana se lo pedí prestado y le dije que el lunes iba a llegar con él armado. Lo que hice fue ver tutoriales de un español sobre cómo armar el cubo de Rubik, aprendí los pasos, practiqué muchas veces hasta lograrlo sin ayuda, luego compré mi propio cubo e intentaba mejorar mis tiempos a la hora de armarlo. Tuve que comprar como 16 cubos porque al intentar hacerlo cada vez más rápido, se me dañaban. Ya con esta explicación podemos retomar mi primer video oficial, el inicio de la historia, que se llamó...

"SOY *NERD* Y LAS MUJERES SON RARAS", AQUÍ LO PUEDEN VER:

Hacía videos con un tono reflexivo, en donde opinaba sobre varios temas que me interesaban a mí, ya sea para criticar algo en lo que no estaba de acuerdo o planteaba situaciones para conocer la opinión de los demás. Con el tiempo me di cuenta de que el personaje de *nerd* no estaba siendo muy útil, las personas comenzaron a pensar que Sebastián Villalobos y Sebastián Villalobos *nerd* eran lo mismo. Recuerdo que una vez en un campamento me hicieron una serie de preguntas capciosas y otras de cultura general, cuando llegaron a una pregunta de matemática duré cinco segundos en responder y aunque lo hice de manera correcta, como todo fue grabado y subido a Internet los comentarios atentaban contra el Sebastián Villalobos *nerd* que se demoró en responder una pregunta de matemáticas.

En el colegio la situación no era menos complicada, por alguna razón algunas personas llegaron a ver los videos y la mayoría me hacían muy malos comentarios acerca de ellos; entre burlas y críticas, a veces aparecía uno que otro comentario bueno. Mi problema es que aunque antes podía recibir treinta comentarios buenos, si leía uno malo me desanimaba horrible. A penas estaba iniciando y no sabía que los comentarios malos siempre iban a existir, siempre va a haber alguien al que no le guste lo que hagas. Si tú empiezas a cambiar por complacer a ese alguien, muy seguramente a otra persona le va a disgustar ese cambio. No puedes ir en la vida preocupándote por complacer a los demás, porque nunca vas hacer que todo el mundo esté contento, la única persona que debe sentirse cómoda con lo que hace eres tú.

POR TODO LO ANTERIOR, DECIDÍ ASESINAR AL *NERD* "EL *NERD* HA MUERTO":

Y al final hice una reflexión en la que expliqué que de ese momento en adelante iba a ser en mis videos lo más "yo" posible. Todo siempre es un proceso de cambio, porque cuando dejé al *nerd* me di cuenta que quería hacer videos para hacer reflexionar a la gente, pero tiempo después también me di cuenta que lo que quería era sacar sonrisas, que la gente se riera con mis videos. Y así recobre mi esencia, volvió a nacer Sebastián Villalobos, que entendía que es importante dejar un buen mensaje sin hacer a un lado el ocio y la diversión.

En algún momento en el último grado tuve la tonta idea de retirarme del colegio sin finalizar los estudios para dedicarme de lleno a producir mis videos, que era lo que más me apasionaba. Afortunadamente, gracias a mi mamá y a sus consejos terminé el colegio y continué haciendo mis videos.

Al terminar el colegio, mi primera decisión fue, evidentemente, dedicarme a hacer videos. Siempre le dije a mi mamá que algún día iba a vivir de esto. Seguro de esta decisión y como consecuencia de ella decidí irme a vivir junto al chico con afro y su mejor amigo. Por problemas personales y después de tres meses viviendo con ellos, regresé a mi casa y dejé de hacer videos constantemente. Fue un tiempo difícil para mí, ya que por falta de herramientas para producir mis videos tuve que buscar la forma para poder seguir haciéndolos y no perder lo que hasta ahí había construido.

SI QUIERES CONOCER MÁS DETALLES, ACERCA DE CÓMO LO HICE, ÉCHALE UN VISTAZO AL VIDEO "MI HISTORIA EN YOUTUBE":

En ese momento había tomado la decisión de no hacer más videos y me dediqué a reencontrar viejos amigos youtubers con los que había dejado de hablar, como Juan Pablo Jaramillo y Juana Martínez. Un día de esos recibí uno de los mejores regalos que he tenido en mi vida: un computador que me regalaron Sebas y Bully con la condición irrevocable de que no podía dejar de hacer videos. Cuando parecía que todo se había derrumbado, apareció esta gran sorpresa en mi vida. ¡Fui muy feliz!

Poco a poco fui retomando amistades que había perdido y se empezaron abrir muchas puertas, así fue como por primera vez Mario y yo trabajamos con el Canal RCN, un canal de televisión en el programa *Colombia tiene talento*. Mientras que el programa se transmitía, nosotros hacíamos una transmisión en vivo por Internet, desde el *backstage*, hablando con los jurados y los participantes. ¡Todos los días lográbamos ser *trending topic*!

Tuve mi primer trabajo de locución en el 2013 en *Coca Cola FM* por 8 meses y ahí compré mi primera cámara, fui muy constante subiendo videos. También me di cuenta que hablar sobre mí mismo en los videos producía mejor respuesta en las personas. Luego me fui a vivir a México donde conocí más youtubers, y no solo eso sino que encontré a LatinWE, que es mi agencia de *management*. Esta agencia no solo nos ha dado mayor credibilidad, sino nos ha ayudado a desarrollar nuestra carrera, nos han ayudado a abrir las puertas con otras plataformas como la TV, las editoriales y las grandes marcas.

En 2014 tuve mi primera aparición en televisión como reportero digital de *La Voz Kids* y en 2015 presenté el programa *Gana con Ganas* de RCN, cumplí el sueño de ser uno de los presentadores de los *Kids Choice Awards Colombia 2015* y estuve en Argentina grabando con Disney *Soy Luna*, la cual se estrenó en marzo de 2016, año que empecé participando en *Bailando con las Estrellas* y escribiendo esto que estás leyendo. Pero yo creo que es mejor entrar en materia y empezar con las clases.

COSAS QUE QUIZÁ NO SABES DE YOUTUBE

1- Es el buscador más grande después de Google.

2- Millones de horas son gastadas por la gente al mes en YouTube.

3- Billones de videos son vistos diariamente.

4- En los últimos años, youtube se ha convertido en un influenciador a la hora de hacer una compra.

5- Si se compara con una red social, es más usada que Facebook y Twitter.

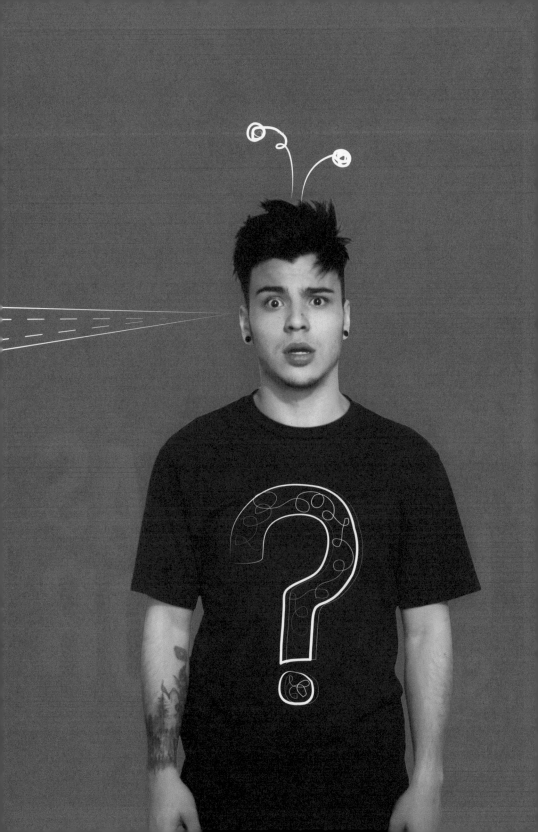

LECCIÓN # 1

LAS GANAS SON EL MOTOR

Si pasas varias horas de tu vida viendo videos de diferentes youtubers, te gusta decir tus ideas, mostrar tus habilidades, hacer retos, cocinar, hacer música, hablar sobre libros, jugar videojuegos, o hacer cualquier cosa sobre la que puedas generar contenido visual, y si además de todo eso estás leyendo este libro, probablemente ya te sobran ganas para convertirte en un gran youtuber, y ahora solo falta que comiences. Las ganas son el motor más fuerte para iniciar tu canal y para lograr cualquier sueño en tu vida.

Parece obvio, pero es muy importante que evalúes si realmente quieres ser un youtuber o solo tienes curiosidad de cómo serlo, ambas cosas están bien. Tú eres quien más sabe cuánto deseo tienes de lograrlo. Si quieres, escribe las cinco cosas que más te apasionan, esas que te hacen trasnochar, o levantarte muy temprano, esas que podrías hacer por el resto de tu vida:

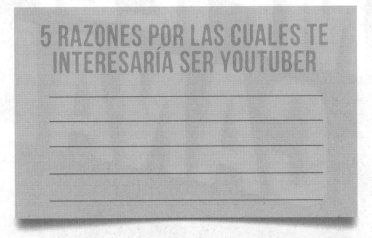

5 RAZONES POR LAS CUALES TE INTERESARÍA SER YOUTUBER

Te darás cuenta a lo largo de este libro que cualquier cosa en esta lista cambiará o permanecerá, según tu experiencia en Youtuber School.

LECCIÓN # 2

EMPIEZA POR UN CANAL

Puede que veas videos en YouTube, pero aún no tengas un canal. Tenerlo te permitirá armar listas de reproducción, seguir tus canales favoritos, subir tus videos y muchas otras cosas. Entonces, si de pronto no tienes tu canal te explicaré lo sencillo que es crear uno.

Esta parte es de mi favoritas porque determinará un punto muy importante de tu camino como youtuber, ya que tendrás la oportunidad de darle un nombre a tu canal. Yo siempre quise que mi canal se llamará Sebastián Villalobos pero alguien más ya tenía ese nombre, entonces invertí mi nombre y apellido y allí nació VillalobosSebastian, el canal de Sebastián Villalobos, o sea yo (risas).

CREA TU CANAL DE YOUTUBE

Entra a www.YouTube.com y en la parte superior derecha encontrarás un botón que dice "acceder", cuando lo presionas te solicita que ingreses a tu cuenta de Gmail con tu usuario y contraseña, si no tienes, deberás crear una. Luego, estando en YouTube, te aparecerán sugerencias para que comiences a seguir canales de tu interés y recomendaciones de videos según tus gustos e intereses.

Después, en la parte superior derecha puedes dar clic en tu nombre y luego en donde dice "mi canal", al hacerlo te preguntan si vas a usar la cuenta con tu nombre o el de tu empresa. Cuando entras ahí, te sale la opción de poner un nombre a tu canal diferente al tuyo llenando otro formulario cortito. En mi caso, es VillalobosSebastian, y tengo otro llamado VillalobosSebas.

▷▷ ESCRIBE EL NOMBRE DE TU CANAL

Luego YouTube te da un pequeño recorrido por el canal diciéndote qué cosas más puedes hacer en él, aprovecha porque es la única vez que aparece ese recorrido.

👍 **TIP:** TE RECOMIENDO PONER UNA FOTO LLAMATIVA EN TU PERFIL, ACORDE CON EL CONTENIDO DE TU CANAL. PUEDES VER REFERENTES DE DIFERENTES FOTOS PARA QUE TE LLEVES UNA IDEA. FÍJATE QUE NO ESTÉ PIXELADA.

PERSONALIZA TU URL

En la parte superior te da la opción de subir una foto tuya o de la marca que quieras y poner un fondo. Si deseas, en la parte superior derecha en donde está tu nombre, puedes entrar a "configuración" y luego hacer clic en "avanzado" para crear una URL personalizada; para ello debes tener 100 suscriptores o más, una antigüedad de 30 días, tener foto y cabecera del canal. Si cumples con estos requisitos entonces puedes ingresar el mismo nombre de tu canal y ¡listo! Tienes una URL personalizada que permitirá que tus amigos te encuentren de una forma más fácil, la mía es: https://www.YouTube.com/user/VillalobosSebastian

PUEDES TENER UN SEGUNDO CANAL

En un principio no me parece tan importante tener un segundo canal. Sin embargo, conforme pasa el tiempo encuentras otros temas que te gustan y que de pronto no van con la temática de tu canal, ahí es cuando debes tomar la decisión de abrir tu segundo canal. Puede ser una muy buena herramienta para cuando quieras hacer un anuncio, así las personas que estén más pendientes de tus videos podrán verlo y así informarse acerca de lo que tengas por decir.

Si quieres crear un canal secundario no necesitas una cuenta nueva, simplemente vas a hacer clic en donde está tu foto pequeña, en la parte superior derecha, luego selecciona el ícono de la tuerquita que es la opción de configuración de YouTube, a la derecha del botón "Creator Studio". Esto te lleva a la página de visión general. Abajo encontrarás un link que dice "ver todos mis canales o crear uno nuevo", y allí vuelves a seguir las instrucciones.

Para administrar y hacer modificaciones en el diseño de tu segundo canal, tendrás que ir a donde está tu foto y hacer clic en tu nuevo canal. YouTube automáticamente te va a crear una cuenta en Google+ por cada canal que crees, y desde allí podrás editar y hacer los cambios que quieras. Recuerda poner tu foto y buenas imágenes que identifiquen tu canal, y si las puedes personalizar, ¡mucho mejor! Esto ayudará a que tus seguidores te recuerden.

¡PILAS CON LA SEGURIDAD!

Aunque es un proceso un poco largo y aburrido, yo siempre recomiendo cuidar tu canal, por eso aconsejo que actives la opción de doble verificación de cuenta en Gmail, esto evita que alguien robe tu contraseña y borre tu canal o los videos que con esfuerzo has hecho. Para lograrlo, puedes ingresar a http://www.google.com/landing/2step/ y pones tu usuario y contraseña, luego el sistema te solicita un número de celular al que te enviarán un código de verificación, cuando te llegue el mensaje de texto o de audio, lo ingresas y verificas tu cuenta.

Esta opción te permite seleccionar los equipos que utilices más a menudo y que sean seguros para ti, y si de repente estás en un cibercafé o en un compu que no es el tuyo, Google te solicitará nuevamente el código. También tienes la opción de poner otro número de celular en caso de que pierdas el tuyo, y de imprimir algunos códigos si vas a estar en algún lugar en donde es difícil que te entren los mensajes.

Que no te pase lo que me sucedió junto con mis amigos con el canal "Mierda visual", que tiene, mientras estoy escribiendo esto, más de 78.000 suscriptores con solo dos videos que subimos, pero ¡olvidamos la contraseña! ¿Puedes creerlo? Así que mi consejo es que te asegures bien de guardar tu contraseña y asegurar tu canal.

👍 **TIP:** LAS CONTRASEÑAS MÁS SEGURAS TIENEN LETRAS MAYÚSCULAS, MINÚSCULAS Y NÚMEROS. UNA FORMA DE CREAR UNA CONTRASEÑA SEGURA ES ESCRIBIENDO UNA PALABRA Y SUSTITUYENDO LAS VOCALES POR NÚMEROS Y LA PRIMERA EN MAYÚSCULA, POR EJEMPLO, EL NOMBRE DE TU MASCOTA: FIRULAIS SERÍA ENTONCES: F1RUL41S

DESCRIBE TU CANAL Y HAZ TU TRÁILER DE BIENVENIDA

Por otro lado, es muy importante que las personas que visitan tu canal y que aún no son suscriptores sepan de qué se trata, y hay varias formas para hacerles saber eso. La primera es en la descripción del canal, que puedes editar en donde dice "Creators Studio", en la parte superior derecha, donde está tu foto. Asegúrate de que tus videos y tu canal tengan tu propio estilo en la descripción, en mi caso dice:

Hola, ¿cómo están todos?, mi nombre es Sebastián Villalobos YYYYYYY... bienvenidos a mi canal, aquí podrás encontrar variedad de contenido entre retos, sketches, música, vlogs y pronto... ¡series! :) ¡Diviértete y vivamos juntos

millones de experiencias, esta es oficialmente mi bienvenida a cada uno de ustedes a mi mundo! ¡Disfrútenlo y que viva el aguacate!".

⏩ ¿CÓMO CREES QUE PODRÍAS DESCRIBIR TU CANAL?

_____

_____

La otra forma en la que una persona puede saber de qué se trata tu canal es por medio del tráiler de bienvenida, es decir, el primer video que ven los usuarios cuando entran al canal. Esta es tu oportunidad para que te conozcan y se suscriban. Para esto, entra a la opción "mi canal" en el menú de la izquierda, luego haz clic sobre el lápiz de edición que está al lado del nombre de tu canal, activa la opción "personaliza el diseño de tu canal", y guarda los cambios. Si te das cuenta, allí puedes ver cómo pueden navegar por tu página tanto los usuarios reincidentes como los nuevos usuarios, que son los que verán el tráiler.

YouTube recomienda hacer tráilers no mayores a un minuto. ¡Qué te parece si primero haces el guion para que puedas aprovechar muy bien ese tiempo! Te voy a dejar una miniguía que te puede ayudar a desarrollar el guion para tu tráiler, pero no tienes que hacerlo exactamente como te voy a mostrar, es solo una sugerencia para que te hagas una idea.

Yo, personalmente, el tráiler de mi canal lo actualizo cada vez que subo un video, es decir, si en este momento subiera un video, el tráiler que encontrarás será este último que suba. Lo hago porque hay muchas personas que llegan a mi canal porque me siguen en alguna otra red social, pero no tienen ninguna cuenta de YouTube, por ende, tampoco un canal, entonces al poner este último video como tráiler, les estoy avisando que es el último video que subí, para mantenerlos informados. Tú también puedes hacer lo mismo si todavía no tienes en mente un tráiler de canal, también te puede funcionar mientras se te ocurre algo, o puedes seguir actualizándolo siempre; ambas opciones están bien, depende de ti cuál te guste más.

MINIGUÍA PARA HACER EL GUION DEL TRÁILER

▷▷ **¿QUIÉN ERES?**

_____

_____

_____

_____

▷▷ **¿QUÉ VAN A ENCONTRAR LOS ESPECTADORES EN TU CANAL? (SÉ BREVE):**

_____

_____

_____

_____

_____

▷▷ **¿CADA CUÁNTO TU AUDIENCIA PUEDE ESPERAR NUEVOS VIDEOS?**

_____

_____

▷▷ **¿CÓMO QUIERES QUE SE SIENTAN LAS PERSONAS DESPUÉS DE VER TU TRÁILER?**

_____

_____

_____

⏩ **¿DE QUÉ FORMA HABLARÁS A TU PÚBLICO?**

☐ Formal
☐ Alegre
☐ Cómico
☐ Oscuro
☐ Informativo
☐ Arriesgado
☐ Otro, ¿cuál?

⏩ **¿CON QUÉ IMÁGENES VAS A APOYAR EL CONTENIDO DE TU VIDEO? RECUERDA QUE UNA IMAGEN VALE MÁS QUE MIL PALABRAS:**

_____

_____

_____

_____

⏩ **¿QUÉ TIPO DE MÚSICA QUIERES QUE LA AUDIENCIA ESCUCHE?**

_____

_____

_____

_____

⏩ **¿QUÉ VA A DECIR LA CAJITA DE DESCRIPCIÓN DE TU CANAL?**

_____

_____

_____

_____

TIP: NO OLVIDES INVITAR A LAS PERSONAS A SUSCRIBIRSE.

CONECTA TUS OTRAS REDES

Siempre es importante que puedas informar a tus seguidores sobre tus otras redes sociales y compartir tus videos a través de ellas, ya que son la mejor herramienta de promoción de tu canal. Si te das cuenta, en mi página de YouTube, en donde está la imagen de cabecera, tengo los íconos que te pueden llevar a mi segundo canal y mis cuentas de Instagram, Facebook, Twitter, Google + y Tumblr. Hacer esto es muy sencillo: en la imagen de cabecera, donde está el lápiz, haces clic y escoges "editar enlaces", allí puedes agregar hasta cinco enlaces. También puedes hacer una descripción de tu página y poner una dirección de correo de consultas comerciales.

RECOMIENDA OTROS CANALES

Si entras a mi canal, verás que a la derecha de la pantalla hay una sección que se llama "Canales que recomiendoooo :)!"; aquí están los canales de mis amigos y también los que más me gustan. Puedes hacer lo mismo haciendo clic en "canales destacados + añadir canales", ahí puedes cambiar el nombre y añadir lo que desees. Poner los canales de tus amigos es una forma de ayudarse entre sí. Si te das cuenta, los youtubers hacemos muchas colaboraciones y estamos unidos, nos gusta crecer juntos, así que comparte lo que más te gusta y ayuda a tus amigos también.

Yo elegí los canales que tengo porque son además un contenido muy similar al que yo hago. Con esto estoy aconsejándole a las personas que entren al canal (estén suscritas o no) que los canales que están ahí también les podría interesar. Yo te recomendaría que pusieras los canales de tus amigos o canales que te gusten a ti, eso ayudará a que las personas que ven tus videos puedan saber qué es lo que tú buscas al momento de ver un video en YouTube, y eso también podría producir interés en ellos o algo así.

ESTÁ BIEN HACER REFLEXIONAR A LAS PERSONAS,

PERO NO LOGRARÁS GENERAR TANTO IMPACTO SI SIEMPRE HABLAS DE LO MISMO Y CON EL MISMO TONO.

¡ATRÉVETE A MOSTRAR VARIAS FACETAS!

8 TIPS
PARA EMPEZAR
A USAR
YOUTUBE

1- Personaliza tu canal para que sea acorde a tu marca o personalidad.

2- Optimiza tu canal completando toda la información necesaria.

3- Sé inteligente y divertido a la hora de titular.

4- Haz videos cortos, frescos y que enganchen a los espectadores.

5- Usa la herramienta que trae YouTube de las anotaciones. Pero no abuses de ellas.

6- Intenta iniciar y terminar tus videos con música.

7- Comparte tus videos en redes sociales.

8- Motiva a la gente a que interactúe con tu canal o marca.

LECCIÓN # 3

EQUÍPATE CON HERRAMIENTAS Y ¡AL ATAQUE!

Algunas personas se desaniman cuando llegan a este punto, porque tienen la idea de que necesitan equipos muy avanzados y costosos para hacer buenos videos en YouTube, pero hoy en día gracias a la tecnología no es así. Si ves, muchos celulares vienen equipados con muy buenas cámaras, de hecho yo empecé haciendo videos con mi celular y hoy en día lo uso en muchas ocasiones para grabar. Pero empecemos a hablar de algunos elementos que considero importantes para que grabes tus videos y que son transversales a las diferentes temáticas que un youtuber puede tener.

CÁMARA

COMPACTAS: Puedes grabar con cámaras compactas, que son las que utilizas cuando vas de paseo con tu familia, en un cumpleaños o en una fiesta. Estas cámaras normalmente son automáticas y tienen algunas opciones que son muy prácticas, aunque son pocas. Si lo que necesitas es grabar y poder hacer alguna actividad a la vez, esta cámara te ayudará a tener una mejor movilidad y comodidad al momento de hacerlo.

COMPACTAS *ULTRAZOOM*: Traen un poco más de herramientas, una mejor calidad y pueden aumentar el *zoom* óptico. También son un poco más costosas que las anteriores, pero la calidad de imagen y sonido (o sea, la calidad audiovisual) también es un poco mejor.

RÉFLEX O DSLR: Utilizan un sistema de espejo que refleja la imagen del objetivo hacia el visor. Estas cámaras te permiten grabar y tomar fotos en una excelente calidad.

Normalmente, estas suelen ser más costosas. En pocas palabras, es una cámara más grande con la que puedes alcanzar una mejor calidad en imagen y audio.

 CELULARES: Dentro de las opciones para grabar no puedo dejar por fuera las cámaras de los celulares, solo debo recomendarte que si haces videos con el celu, los grabes de manera horizontal; no muchas personas lo saben, pero esto es más estético y te permite aprovechar mejor el espacio al momento de añadirlo a tu editor. Si lo grabas en modo vertical, te quedarán dos barras negras a los lados en cada espacio que hayas grabado de esa forma.

Yo ahora utilizo una Canon 70D, pero esto lo digo solo como un referente; estoy seguro de que vas a encontrar una cámara que se adecúe perfectamente a la imagen que quieres lograr. Mi primera cámara fue una Canon T3, y es acá donde tengo una recomendación que me gustaría hacerte, especialmente si vas a hacer videoblogs, y es que busques una cámara con pantallita giratoria, pues cuando te estés grabando puedes ver si la cámara te está enfocando en el plano que quieres, o si se acabó la batería, o si estás grabando (parece obvio, pero a veces se nos olvida poner a grabar). En general, esta cámara te da un poco más de confianza porque ves cómo lo estás haciendo, tu ubicación; incluso si por ejemplo alguien se mete en tu video, tú puedes fijarte que la persona esté ubicada en el lugar correcto.

👍 **TIP:** SI TIENES UNA CÁMARA CON PANTALLA GIRATORIA, NO OLVIDES HABLAR MIRANDO AL LENTE Y NO A LA PANTALLA.

TRÍPODE

Este es muy útil porque permite que tus imágenes estén fijas. A veces es molesto ver videos en donde se percibe el temblor de las manos de quien está grabando, entonces para evitar esto lo mejor es conseguir uno o tener un amigo con pulso de acero, y más si vas a estar grabando únicamente tú. El trípode que escojas depende también del tipo de videos que quieras hacer, si de pronto vas a estar en exteriores, adentro o frente a un computador; depende también de la cámara que tengas, pues cada uno resiste un peso diferente.

Un trípode tiene tres partes: el cuerpo, que son las patas, estas te dan una altura mínima y máxima y soporta un determinado peso; la columna central, que tiene un desplazamiento vertical y, finalmente, la rótula o cabezal, que es donde pones la cámara y te permite hacer el ajuste del encuadre más preciso. Hay rótulas intercambiables, si puedes conseguir de esas mejor, porque si cambias de cámara no tienes que comprar un trípode nuevo.

TRÍPODE

Los trípodes normalmente traen un ganchito bajo la columna central y muchas personas no saben para qué sirve. Este te ayuda a hacer peso, puedes incluso llenar una bolsita con arena, piedras o cualquier cosa, la pones en el gancho y la cámara nunca se va a mover. Un trípode no muy costoso podría sostener hasta una cámara de televisión si equilibras el peso por medio del ganchito.

Hay trípodes de aluminio y de carbono. Los primeros son más económicos pero los segundos son más ligeros, y si quieres hacer videos en exteriores estos últimos son mejores. También existen los minitrípodes, especialmente para cámaras compactas, algunos se adaptan a diferentes superficies porque no son rígidos. Aunque puedes encontrar muchos videos en YouTube para que puedas hacer uno tú mismo, yo siempre recomiendo comprar un trípode.

LENTES

La primera vez que me hablaron de lentes, no tenía idea en qué consistían y para qué servían. Si te digo 18mm – 35mm puede que quedes igual que yo la primera vez que lo escuché, pero cuando empecé a utilizarlos fue fácil entender para qué son y cómo se usan. Entonces hablemos un poquito de los lentes, que son los que te permiten lograr una imagen definida cuando grabas. Dependiendo del tipo de lente que utilices, obtendrás un efecto diferente. Hay muchos tipos de lentes, pero en esta oportunidad quisiera hablarte específicamente de los tres más importantes:

⏭ **EL GRAN ANGULAR:** Este tipo de lente te permite abarcar un área mayor en un solo plano, de ahí que sea ideal para vistas panorámicas. Entre más angular sea el lente, mayor será la captación de la imagen incluso hasta el punto que se deforme la imagen y te da el efecto burbuja u ojo de pez, que es redondito. ¿Lo has visto? Este lente funciona muy bien en planos abiertos.

El truco principal de este lente es hacer que el espacio en el que estás grabando se vea mucho más amplio de lo que en realidad es. Yo lo usaría tanto para un *sketch* como para un videovlog, teniendo mucho cuidado en centrar lo que quiero de cualquier plano, ya que los bordes tienden a deformarse un poco dependiendo del lente.

▷▷ **EL TELEOBJETIVO:** El lente teleobjetivo tiene un ángulo de captación menor y hace que no sea tan fácil calcular la distancia que hay entre el objeto o la persona que enfocas y el fondo. Si quieres darle atención al detalle de lo que enfocas este lente puede funcionarte. Por ejemplo, las youtubers que hacen videos de maquillaje lo utilizan mucho.

▷▷ **LOS NORMALES:** El tercer tipo de lente del que quería hablarte son los normales, que no tienen un ángulo de captación muy amplio pero te permiten distinguir tanto la perspectiva general como los detalles de un objeto.

Sin importar el tipo de lente que uses, hay algo en común en todos y es la distancia focal. Esta es una medida que se toma en milímetros y te permitirá conocer el tipo de lente que estás usando. Los lentes con distancia focal de 18mm a 35mm normalmente son los angulares, los que tienen entre 100mm y 300mm o más son los teleobjetivos y los que están entre 40mm y 50mm son los normales.

Yo utilizo dos tipos de lente, uno de 18mm – 35mm.

A CONTINUACIÓN TE DEJO UN
EJEMPLO DE UN VIDEO HECHO
CON EL LENTE DE 18MM – 35MM:

Y OTRO REALIZADO CON UN
LENTE DE 50MM ("LIBROS
EN LA VIDA REAL", QUE POR
CIERTO INCLUYE UN LINK
PARA DESCARGAR UN LIBRO):

Entonces, recuerda que los diferentes tipos de lentes tienen características que te permiten una mayor o menor profundidad de campo, que es el espacio de lo que está dentro del foco de la cámara y lo que no. Entre más objetos enfoque tu cámara, más profundidad de campo tiene, y entre menos elementos tenga en foco menos profundidad de campo presenta.

En otras palabras, entre mayor distancia focal (100mm – 300mm), menor profundidad de campo: esto se traduce en que, por ejemplo, tú estés enfocado mientras que lo que se encuentre detrás de ti se muestre desenfocado. Y entre menor es la distancia focal (18mm – 35mm), mayor va a ser la profundidad de campo, o sea todo se puede ver claramente: tanto lo que está cerca como lo que está lejos. ¡No es tan difícil, si lo intentas!

Según el tipo de videos que harás, ¿qué tipo de lentes crees que se ajustan mejor a tu necesidad?

- ☐ Gran angular
- ☐ Teleobjetivo
- ☐ Normal

LUCES Y AMBIENTE

El fondo, la luz, el lugar, todo es una composición a la hora de grabar. A través de la luz se puede modificar una atmósfera, se pueden realizar las características de un lugar o una persona, ayudar a esconder imperfecciones y hacer que la escena se vea como nosotros queremos que se vea. Por esto puedes ver que cada youtuber tiene un estilo y una armonía que lo caracterizan. Si por ejemplo vas a hacer videos de manualidades o maquillaje, la iluminación es súper importante, porque estás mostrando el detalle. En cambio, si quieres hacer algo como lo que hago yo, es diferente pues es más *grunge* (brusco) y menos delicado.

TIP: FÍJATE EN DETALLES COMO, POR EJEMPLO, LA ROPA QUE DEBERÍAS USAR SI EL FONDO ES CLARO U OSCURO; SI ES CLARO, USA ROPA OSCURA Y VICEVERSA. LA IDEA ES QUE TÚ RESALTES.

En mi caso, tengo una iluminación muy sencilla que compré por Amazon y la acomodo de la siguiente manera: a cada lado de la cámara pongo una luz en un ángulo de 45 grados que apunta al techo blanco, esto produce un efecto rebote de la luz, la cual no llega fuerte y directamente a mi cara sino que es suavizada por el color blanco del techo. Así evito que se queme la toma y haya demasiada luz como para que no se noten mis ojos o la nariz. Adicional a esas dos luces, pongo otra detrás de la cámara, más arriba de ella, y la acomodo en picada para que alumbre directamente mi rostro.

Lo importante en este punto es que crees un ambiente, de tal manera que quien te está viendo se sienta cómodo, que se sienta como si estuviera contigo y dicho ambiente le sea agradable a la vista, porque recuerda que todo entra por los ojos.

⏩ **¿EN QUÉ LUGAR VAS A HACER TUS VIDEOS?**

_____

_____

⏩ **¿CÓMO VAS A AMBIENTAR ESTOS LUGARES?**

_____

_____

SONIDO

El sonido es uno de los elementos que debe tener en cuenta un youtuber, ya que por medio de este se puede inspirar al aprendizaje de nuestra audiencia y se facilita la interacción. Una de las herramientas más importantes para que tu mensaje se grabe de manera clara son los micrófonos.

MICRÓFONO

Existen varios tipos de micrófonos, quiero hablarte de dos: los de solapa y los telescópicos.

⏩ SOLAPA

El primero, también llamado Lavalier, es un micrófono direccional que además de registrar muchos detalles, evita el ruido del ambiente y te da como resultado un sonido limpio y nítido. Debe usarse a una cuarta de la boca. Algunos son inalámbricos, entonces vienen con una cajita llamada receptor, que normalmente pones en la parte de atrás de tu pantalón, y con el emisor que va sobre la cámara.

Otros los conectas directamente a tu cámara por medio de un cable. Personalmente, creo que el micrófono de solapa puede ser una gran ayuda pero lo relaciono más con la televisión, y le quita un poquito el estilo youtuber. Si lo vas a usar, intenta que no se vea para que no pierdas la naturalidad típica de quienes hacemos videos para YouTube, aunque si vas a grabar en exteriores es muy recomendado.

▷▷ TELESCÓPICOS

Este te da la opción de captar los sonidos de una fuente específica o de escuchar todos los sonidos que están en el ambiente a una distancia específica.

Este es el que yo utilizo, lo pongo sobre la cámara en un cuadrito que tiene para eso o para poner un led. Ese cuadrito tiene dos opciones: grabar a 90 grados o a 180 grados después del micrófono. Si por ejemplo mi mamá está cocinando y yo quiero que se escuche cuando ella cocina, entonces dejo el de 180 grados, pero si quiero que se escuche solo mi voz, pongo el de 90 grados. Mi micrófono no es el más pro, pero ¡me ha funcionado muy bien!

Algo que debes tener muy en cuenta con estos micrófonos es que estén cargados, pues son de pilas y en cualquier momento puedes ver que está prendido pero en realidad no se escucha nada. Creo que tener el micrófono descargado y darse cuenta después de grabar nos ha pasado a todos los youtubers y esto genera mucho estrés, sobre todo si te gusta mucho lo que estás haciendo. Pero ¡no te preocupes, eso hace parte de ser un youtuber! Mi recomendación es que te acostumbres a tener una rutina de revisión para que nada se te olvide antes de grabar. Aquí te dejo un ejemplo:

🎥 SÍ O SÍ, ANTES DE GRABAR VOY A TENER LISTO:

- √ Pilas de micrófono cargadas
- √ Micrófono ubicado y encendido
- √ Luces ubicadas y cargadas

√ Cámara con batería suficiente
√ Cámara en posición y con REC presionado
√ Guion de video
√ El lente más útil para lo que estás grabando

La otra forma de grabar audio, si de pronto no tienes un micrófono, es con un celular, finalmente los celulares están hechos para hablar, entonces suelen tener buenos micrófonos. Los iPhone por ejemplo tienen un sonido increíble, incluso si quieres grabar un video en la calle donde hay carros y viento es una muy buena opción si no tienes el micro de solapa.

Considero que el audio es un elemento muy importante a la hora de hacer videos, ya que quienes te ven no solo deben sentirse bien y gustarles lo que ven, sino también lo que escuchan. Cuando empezamos a hacer videos en YouTube este tema no era tan relevante como ahora, las personas estaban acostumbradas a ver televisión y sabían que esto era algo menos elaborado y profesional. Sin embargo, los usuarios se han vuelto más exigentes con este tipo de contenidos digitales y si ahora pones un video en mala calidad probablemente no van a terminar de verlo, o te harán comentarios como "tu video se escucha mal".

EDITA CON TU ESTILO

Los programas que utilices para editar tus videos son una cuestión de gusto, pues poco a poco irás adquiriendo destreza para manejarlos. Quiero comenzar contándote sobre los programas gratuitos que hay y que considero que son muy buenos. Empecemos por Windows Movie Maker para quienes tienen Windows; este fue el primero que usé, viene instalado en el compu desde que lo compras y te permite hacer cortes, transiciones, poner texto, fotografías, imágenes en movimiento y música en tus videos. Para comenzar está bien, pero sus opciones de edición son un poco limitadas, así que estoy seguro que tú, al igual que yo, te darás cuenta por ti mismo de que necesitas algo un poco más avanzado.

Para quienes tienen un Mac, el programa que viene instalado desde que adquieres tu computadora es iMovie. Este también tuve la oportunidad de usarlo cuando había decidido no hacer más videos porque no tenía herramientas y mis Sebas y Bully me regalaron la computadora. También te permite hacer varias cosas y es muy sencillo de manejar.

Lightworks es un poco más profesional que iMovie y está disponible tanto para Windows como para Mac. En su versión gratuita solo puedes exportar el video a 720p, que es el número de pixeles que encontrarás en la pantalla, en otras palabras, la resolución o calidad del video, la cual se queda algo corta pues ahora el estándar de video de YouTube es de 1080p. En realidad no tengo experiencia en usarlo, y tampoco conozco de nadie que lo use, pero quise ponerlo aquí, por si tú que estás leyendo, lo pruebas y te funciona, me escribas un tweet notificádome (@villalobossebas).

Cuando hacía videos con el chico con afro, utilizábamos Sony Vegas Pro. Este sistema no es gratuito, pero te permite hacer muchas cosas y poner varios efectos, su interfaz es simple y tiene buena calidad. Otro programa es Adobe Elements de la familia Adobe, el cual compras una vez y puedes usarlo para siempre. Una ventaja de este programa es que si luego quieres pasarte a Adobe Premier, que es más avanzado, ya estarías familiarizado con la plataforma y tu aprendizaje sería más rápido.

Adobe Premier Pro es muy completo, en él puedes importar cualquier formato y resolución de video, tiene muchos efectos, se actualiza constantemente, más o menos cada año. Es para un nivel más avanzado, pero no por eso es difícil de aprender a usar, pues es bastante intuitivo. Para poder usar este programa de Adobe, debes pagar mensualmente una suscripción.

El que uso actualmente es Final Cut Pro X. Personalmente, me parece más sencillo de utilizar que otros y trae muchas opciones de edición, efectos de sonido e imagen, corrección de color y muchísimas cosas que puedes ver en mis videos. Pero más allá de qué programa decidas usar, busca uno con el que te sientas cómodo y que tenga lo que necesitas, igual siempre te tomará algunas horas de práctica aprender aunque los resultados pueden ser increíbles.

TIENES 5 SEGUNDOS

PARA ATRAPAR A TUS VIEWERS

ASÍ QUE TEN SIEMPRE EN MENTE LO SIGUIENTE:

1- Titula tu video con una frase ganadora.

2- Usa palabras para capturar la atención.

3- Pon el enlace de tu página (o donde quieras que te sigan) en las primeras oraciones.

4- Usa tags en tus videos que interesen al público que buscas.

5- Usa los términos que utiliza tu audiencia.

6- Llena la descripción del video de una manera divertida y completa.

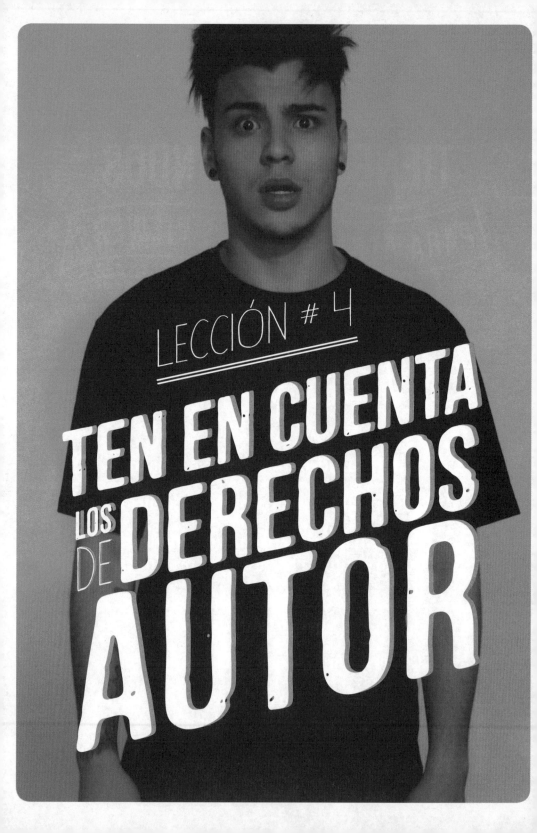

Algo que muchas personas no saben y que es importante que tengas en cuenta al editar tus videos es que no vayas a infringir los derechos de autor en YouTube, ya sea con la música o con las imágenes que utilizas. También debes asegurarte de que tus derechos no sean irrespetados. Cuando creas una obra y la plasmas en un medio, ya sea físico o electrónico, eres propietario de los derechos de autor de esa obra, y eso implica que nadie puede usar esos contenidos sin tu permiso o autorización. Por ende, también ten cuidado a quién le das estos permisos y para qué los van a usar.

OBRAS SUJETAS A DERECHOS DE AUTOR

No todo está sujeto al derecho de autor o *copyright*. Por ejemplo, las ideas, los hechos, los procesos, los nombres de los títulos (de los videos), por sí solos, no se protegen. En otras palabras, los derechos de autor protegen es la expresión de una idea, la obra o contenido en el cual esta se da conocer o se publica, pero no la idea sola, sino la idea en sí, pues esta no es algo concreto, es decir, que alguien más podría tener el título igual a un video tuyo, e incluso copiar tus mismos apuntes, pero lo que no puede hacer es usar pedazos de clip de tus videos o elementos de audio e imagen que tú hayas hecho por tu cuenta.

Para poder recibir estos derechos, tu contenido o lo que hayas creado debe ser tangible. A continuación te muestro una lista para que chequees si el tipo de contenido que vas a generar, o ya estás generando, está sujeto a derechos de autor. Si es alguna de estas opciones, debes estar muy pendiente de que no sean infringidos tus derechos:

» Programas de televisión
» Videos en YouTube o redes sociales
» Películas

- » Cortometrajes
- » Conferencias
- » Artículos
- » Libros
- » Composiciones musicales
- » Grabaciones sonoras
- » Pinturas
- » Ilustraciones
- » Fotografías
- » Afiches
- » Anuncios
- » Obras de teatro
- » Obras musicales

Cuando estás creando tu video y ves que necesitas uno de estos elementos mi consejo es que busques librerías donde puedes comprar el derecho de su uso, o simplemente busca a quién le pertenece y envía un correo para pedir la autorización correspondiente para poder usarlo. Algo muy importante, o mejor dicho lo más importante en este aspecto y que jamás debes olvidar, es dar el crédito correspondiente a la persona que te cedió los derechos. Creo que esto es algo que debemos tener muy en cuenta, porque cada vez en lo digital hay más regulación y si no manejas bien este tema hasta podrías perder tu canal.

👍 **TIP:** SI VAS A USAR ALGO Y NO ENCUENTRAS A SU DUEÑO, EVITA MONETIZAR SU VIDEO, CITA DE DONDE LO TOMASTE Y GUARDA TODA LA DOCUMENTACIÓN QUE CERTIFIQUE TODO LO QUE HICISTE PARA CONTACTAR AL DUEÑO DEL MATERIAL.

Si te hacen una notificación de *copyright* y esa notificación es errónea, puedes hacer una contranotificación para que YouTube vuelva a establecer el video que eliminó. Esto puede durar 10 días hábiles y solo puede ser hecho por ti mismo, no por abogados o algo así; lo cual lo hace más rápido, sencillo y barato, económicamente hablando.

¡STRIKES!

Los avisos de YouTube o *strikes* pueden ser por derechos de autor, estos los recibes cuando un video que subes se ha eliminado a petición de su propietario, quien hizo una solicitud legal completa. También puedes recibir avisos por violar las normas de comunidad a través del correo electrónico y de la mensajería de tu canal. Hay tres tipos de avisos:

EL PRIMER *STRIKE*: Es una advertencia, de pronto no sabes de esto y YouTube te avisa para que puedas corregir aquello por lo que te enviaron el aviso.

EL SEGUNDO *STRIKE*: Si son dos advertencias en un periodo no mayor a seis meses, te suspenderán por dos semanas, y luego vuelves a recuperar los privilegios que tenías, siempre y cuando no cometas nuevas incidencias.

EL TERCER *STRIKE*: Esta advertencia implica el cierre definitivo de tu cuenta.

En este tema también están muy presentes los sellos discográficos, pues son ellos los que te permiten o no hacer uso de su música. Un truco que muchos no saben es que para algunas canciones puedes usar un máximo de 10 segundos, cortar mientras hablas y volver a poner otros 10 segundos de la canción si se requiere (espero que ninguna persona de algún sello discográfico esté leyendo esto), aunque mejor si usas menos. Algunos sellos no te dejan usar nada, entonces cuando pones sus canciones te bloquean el video. También pasa que hay contenido no permitido para ciertos países, en esos casos corres el riesgo de que si usas estos contenidos tus videos no puedan reproducirse allí.

Yo hice un video que se llama *El Playback Challenge*, en donde pongo muchas canciones cuidando de no pasarme de los 10 segundos, pero en un momento perdí la noción de la regla y me pasé más de 40 segundos interpretando una canción de Justin Bieber, entonces UMG, en nombre de Island Records (el sello discográfico) reclamó el video y todos los ingresos que se reciban de ese video serán para UMG. Como para ellos es mejor la vista desde el computador, bloquearon la opción de reproducción para dispositivos móviles. Así que sé cuidadoso e infórmate antes sobre el contenido de terceros que quieres publicar.

NOTIFICA SI SE INCUMPLEN LOS DERECHOS

Si alguien sube tus videos sin permiso, existe un proceso de eliminación de derechos que protege a los que tienen la propiedad del contenido, si eso sucede debes enviar un aviso de infracción de derechos de autor. Al hacerlo, te preguntan por cuál motivo envías el anuncio y ellos se encargan de revisar el caso con su equipo legal. Mientras esa revisión ocurre el video aparecerá como no disponible, por una reclamación de *copyright*. Si solicitas eliminar el video, estás iniciando un proceso legal. Cuídate de no hacer falsos reclamos, porque por esto te pueden suspender la cuenta.

Si ves que a la persona a que le hiciste el reclamo elimina el video, puedes retirar el reclamo por incumplimiento a derechos de autor, para eso debes enviar una declaración de retractación en donde indicas que estás retirando tu reclamo del video (pones el link del video) y firmas con tu nombre completo como aparece en tu documento de identidad.

CONTENT ID PARA SABER CUÁNDO SE USA TU CONTENIDO

YouTube creó un sistema que te permite identificar cuándo tu contenido está siendo usado, así como elegir la forma en que este se mostrará. Funciona de la siguiente manera: tú le pasas a YouTube tu contenido, aquel que quieres rastrear en la red, eso se almacena en una base de datos, luego cuando alguien sube un video, el sistema lo contrasta con todo lo que está en esa base de datos y analiza si hay coincidencias parciales o completas con ese contenido.

Cuando el sistema identifica una coincidencia de audio o video, YouTube hace aquello que le indique el propietario de tal contenido:

- » Apagar su música
- » Bloquear el video
- » Monetizar con sus anuncios
- » Analizar las estadísticas de reproducción de ese video

Para ser parte de Content ID debes poder demostrar que necesitas esa herramienta, así como la propiedad de tu contenido, luego completas un acuerdo y das las ubicaciones geográficas necesarias, puede que no te acepten. Si recibes una reclamación de Content ID o *claim* y crees que es un error, o tienes los derechos del material que publicaste, tienes la oportunidad de impugnar ese reclamo y el propietario de los derechos tiene un máximo de 30 días para responder. Puede parecer más complicado de lo que en realidad es, pero la verdad es súper sencillo.

CREATIVE COMMONS

Es una organización internacional que busca fortalecer a los creadores para que ellos puedan definir las condiciones en que sus creaciones pueden usarse sin que haya todos los líos de derechos de autor.

Esta entidad da unas licencias llamadas Creative Commons, que son de uso público y son gratuitas, permitiendo que las obras no sean con "todos los derechos reservados" sino más bien con "algunos derechos reservados", y puedes además permitir que otros usen tu material, o usar el de otras personas sin inconvenientes.

En YouTube puedes marcar tus videos con una licencia CC BY de Creative Commons, así otros usuarios pueden usarlos e incluso editarlos. Tú conservas tus derechos de autor y quienes usen tu video deberán sujetarse a las condiciones del tipo de licencia que otorgaste. Para marcar tus videos con esta licencia, tu cuenta debe estar en regla y no debe tener reclamaciones por *copyright*.

NO OLVIDES LAS NORMAS DE LA COMU-NIDAD DE YOUTUBE

No solo está el tema de los derechos de autor de YouTube, sino también el de respetar las normas de la comunidad. Los comportamientos y usos que infringen las normas de esta plataforma están relacionados con varios aspectos:

▷▷ **CONTENIDO SEXUAL:** Los desnudos, la pornografía, el fetichismo violento y el trato humillante no están permitidos. Si los videos tienen estos contenidos la plataforma los elimina o les pone una restricción de edad. Cuando hay contenidos de este tipo, pero su objetivo principal es educativo, documental, científico o artístico, YouTube lo considera.

Por eso recuerda ser lo bastante claro en las descripciones y títulos de tus videos porque eso puede ayudar a YouTube a analizar tu contenido y permanecer en la red. Como te decía, hay una restricción de edad y esta se puede activar si aparecen pechos, nalgas o los genitales (cubiertos o descubiertos) como centro de tu video, y si el video es sexualmente sugestivo en cuanto a los objetos, lugares y posturas que se muestran, y en relación con el lenguaje empleado.

Si sale alguien con poca ropa, analizan si son prendas que se portan en espacios públicos. Ellos revisan el tiempo que aparece cierta imagen en el video, los ángulos y enfoques de la cámara, la claridad de las imágenes y demás aspectos de edición, así como que no vayas a poner miniaturas de videos engañosas, que de hecho hay una política sobre eso.

VIOLENCIA: Otra de las normas de la comunidad hace referencia a la violencia, pues como te habrás dado cuenta, ahora la gente pasa más tiempo viendo videos en YouTube que mirando tele, entonces muchos reporteros y documentalistas aficionados aprovechan la oportunidad que les brinda esta red para publicar sus contenidos, y a veces es inevitable que haya escenas violentas.

Sobre este aspecto, si lo que muestras es muy explícito y además es educativo, la recomendación es que publiques la mayor cantidad de información posible que respalde el contenido audiovisual que los espectadores ven. Si por el contrario el video es escandaloso, sensacionalista o irrespetuoso y no cuenta con información de respaldo que justifique el porqué de esas imágenes, lo más seguro es que sea eliminado.

TERRORISMO: En cuanto al tema de publicar contenido relacionado con terrorismo, YouTube es bastante estricto; el reclutamiento, los ataques y en general el fomento a la violencia no es avalado por ellos. Recuerda que si generas este tipo de contenido debes argumentarlo muy bien, con información seria y valiosa para que denote que el objetivo es educativo o informativo, por ejemplo. Si los contenidos con estas temáticas son cortometrajes o representaciones de hechos históricos, probablemente se restrinja la edad de quienes podrán ver el video.

Cuando las escenas que son el foco de atención del video muestran ataques físicos con heridas muy fuertes, que reflejan el resultado gráfico de la violencia, YouTube analiza el tiempo de duración de las imágenes con respecto a la duración total del video (al igual que sucede con el contenido sexual), así como todo lo relacionado con su producción y edición.

⏩ **INCITACIÓN AL ODIO:** Es otra de las reglas de comunidad de You-Tube. Este aspecto se refiere a todo el contenido que promueva la violencia o el odio contra individuos o grupos, por su origen racial o étnico, religión, discapacidad, sexo, edad, por ser excombatiente de guerra, por su identidad u orientación sexual. Se puede criticar pero no incitar, la diferencia entre estas dos acciones es muy pequeña, así que hay que hay que ser cuidadosos al respecto.

⏩ **LOS SPAM, METADATOS ENGAÑOSOS Y ESTAFAS:** Tampoco están permitidos, y al igual que todos los anteriores comportamientos puedes denunciar estas prácticas ante YouTube. Subir videos en donde se intente disuadir a los usuarios de YouTube de usar esta red, alterar las métricas, como el número de visualizaciones y los *likes* o los comentarios de forma automática son conductas por las que pueden cerrar tu canal.

Engañar a otros con fines de lucro, realizar extorsiones y chantajes no son prácticas toleradas por YouTube. Si alguien hace un video tuyo o recibes uno con estas características, este será eliminado y reportado a las autoridades. Es muy importante no hacernos partícipes de este tipo de cosas.

⏩ **EL CONTENIDO PERJUDICIAL, ILEGAL O PELIGROSO:** Los videos que conlleven al riesgo de morir o atentar contra la salud, como fabricar bombas, jugar a asfixiarse, consumir drogas, y más aún si hay niños participando en ellos, serán eliminados, a no ser que esto sea con un fin educativo, documental, científico o artístico. Para ello, como te he dicho antes, tendrás que dar información suficiente que argumente y justifique el contenido del video.

AMENAZAS: Los videos, como te contaba antes, que irrespetan los derechos de autor y en los que se hacen amenazas también son castigados por YouTube. El tema de las amenazas es importante y todo lo que implique comportamientos agresivos, acosos y cuando revelas información personal de otros, son motivos por los que te pueden expulsar para siempre de la comunidad.

La forma de marcar un video para denunciarlo a YouTube y que ellos puedan hacer las revisiones necesarias es con la banderita que aparece abajo de cada video. El éxito de esta plataforma también se debe al respeto que en la comunidad hemos tenido por lo que subimos y vemos, así que cuida tu contenido y denuncia cuando veas contenido que no es del todo adecuado. La idea es que YouTube siga siendo súper divertido como siempre ha sido.

LECCIÓN # 5

EL CONCEPTO
DEL ES CANAL
LA ESENCIA

Este es tal vez uno de los puntos más determinantes a la hora de ser un youtuber, pues para tener un concepto de canal necesitas pensar muy bien qué es lo que quieres hacer, qué es lo que te gusta y qué es lo que deseas compartir con las demás personas. Si te das cuentas, hay youtubers para todo: música, origami, retos, cocina, emprendimiento, videojuegos, maquillaje, comentarios de libros (*booktubers*), vloggers (video blogs), deportes, *fitness*, sexo, comedia, cubo de Rubik, matemáticas, física, idiomas, baile, viajes, política y absolutamente todo lo que puedas imaginar, entonces comienza por responderte esas preguntas.

Una vez tengas una idea, arriésgate y verás que poco a poco encuentras tu voz haciendo diferentes tipos de contenido. Cuando yo empecé a hacer los videos era diferente a lo que hago ahora, pasé por el tema *nerd*, por las reflexiones, y actualmente hago vlogs, sketches, retos y música. Aunque en esencia sigo siendo yo, mi forma de hablar y de mostrar lo que hago ha cambiado, ahora tengo un orden y esto se debe a los riesgos que he tomado en mi canal, que me han permitido aprender.

ESTRUCTURA

SALUDO

Al principio no tenía una estructura, que es muy importante a la hora de diseñar tu concepto de canal. Ahora, si te das cuenta, todos mis videos comienzan con el mismo saludo:

"Hola, ¿cómo están todos? Mi nombre es Sebastián Villalobos y...". Luego viene un momento *random*, es decir, que siempre pasa algo diferente en pocos segundos, después digo: "Y... ¡Bienvenidos a un nuevo video!"

⏩ **¿CÓMO CREES QUE PODRÍA SER TU SALUDO?**

_____

_____

MOMENTO *RANDOM*

Aquí normalmente hago algo diferente en cada video, puedo presentar a mi invitado, contar en pocos segundos una anécdota, mostrar algo que compré, saludar de una forma distinta, y muuuchas otras cosas. Siempre termino este momento diciendo: "Y... ¡Bienvenidos a un nuevo video!". Ten en cuenta que sea lo que sea que tú hagas como "momento *random*", debe ser creativo y diferente. Existe algo llamado "la regla de los 15 segundos", que explica más o menos que debes usar los primeros 15 segundos de tu video para captar la atención del usuario que está viendo tu video; por eso, es importante que además de que cada vez sea diferente, también llame mucho la atención.

⏩ **¿TE GUSTARÍA TENER UN MOMENTO *RANDOM* EN TU CANAL? ESCRIBE TRES IDEAS:**

1. _____

2. _____

3. _____

INTRO

Es mi nombre escrito en una hoja de cuaderno y el cubo de Rubik, todo esto en más o menos entre 5 y 10 segundos. El intro es algo repetitivo (en todos los videos generalmente es el mismo) y por eso debe ser corto; los 10 segundos son el máximo, ya que la persona que está viendo el video puede aburrirse. Aquí también uso un sonido característico de mi canal, tú puedes crear el tuyo o sacarlo de alguna canción, así, cuando alguien más lo escuche, inmediatamente pensará en ti. Intenta que tu intro sea lo más

TÚ posible, que en ese pequeño fragmento de tiempo se vea tu esencia plasmada.

⏩ **HAZ UN BOCETO DE TU INTRO AQUÍ:**

CONTENIDO

Esta sección la comienzo explicando de qué se tratará el video. Normalmente, mis videos son de retos, vlogs, *covers* de música, entre otras cosas, entonces esta parte la tengo muy bien diseñada, hago una guía de lo que quiero decir para no salirme mucho del tema y no perder la espontaneidad mientras estoy grabando.

Ejemplo de guía, usando como referencia uno de mis videos:

"LIBROS EN LA VIDA REAL":

» Saludo
» Intro
» Breve introducción acerca de mi experiencia con los libros
» Por qué decidí hacer el video
» Libros en la vida real:
   Bajo la misma estrella
   Harry Potter
   Los juegos del hambre

> *Divergente*
> *Crepúsculo*
> *El coronel no tiene quién le escriba*
> *Las ventajas de ser invisible*
> *La edad de la verdad*
> *Zelic*

» Mi punto de vista sobre la importancia de leer o acercarse a los libros, explicando que no hay excusas ya que se consiguen fácilmente en papel, en Internet o como audiolibro en Audible.

» Contar sobre la app (Audible) y dar instrucciones para que la descarguen.

» Despedida

Con el anterior ejemplo, quiero dar a entender el fin y el inicio de cada punto del video. Entre el video más tenga contenido, más puntos a tratar vas a tener que agregar a tu guía, a veces incluso podrás poner escenas (en caso de que las haya), y si eres una persona todavía más dispersa que yo, es decir, que aunque tengas tu guía se te dificulta parar el punto y seguir con el otro, te recomiendo que hagas un guion completo sobre lo que vas a decir. Algunas personas se expresan mejor escribiendo que hablando y a ti te podría funcionar también.

DESPEDIDA

Siempre me despido con la misma frase, que dice así:

"Y bueno, espero que les haya gustado muchísisisisisisimo este video. No olviden darle *like* por allá abajo si les gustó, agregarlo a sus favoritooos, suscribirse a un botón que está por allá abajo, pero sin embargo acá te voy a dejar otro para que vayas y te suscribas y no tengas excusa, es completamente gratis... ¡gratis!". En algunas ocasiones hago un *call to action*, que es invitar al público a hacer algo más y luego termino diciendo: "Para los que no me conocen, mi nombre es Sebastián Villalobos, para los que ya me conocen me sigo llamando Sebastián Villalobos, hasta el siguiente video o antes si algo extraordinario ocurre, y no olviden hacer su tarea".

Todo esto va acompañado de una música particular, diseño visual, expresiones corporales y faciales, y todo lo necesario para que mis videos sean fáciles de recordar y reconocer por quienes los ven. Es importante que, al igual que el "momento *random*", nuestra despedida tenga un plus diferente siempre, es decir, en caso de que lo queramos hacer siempre de la misma manera, puede parecer un poco tedioso para la persona que lo está viendo tener que encontrarse siempre con lo mismo, entonces va en ti darle ese puntico diferente en cada video o arriesgarte a que la persona que está viendo tu video llegue a tu despedida y prefiera cerrarlo o poner otro video, sin escuchar lo que tienes para decir, porque desde antes ya está suponiendo que es lo mismo que dices siempre. Ese también puede ser el famoso *call to action*, del que hablamos arriba. Si lo prefieres, en tu despedida también puedes recordar tus redes sociales, invitar a la gente a que vea alguno de tus otros videos, o lo que sea, el espacio es tuyo y depende de ti qué tan entretenido quieres que quede.

▷▷ ¿CÓMO CREES QUE PUEDE SER TU FRASE DE DESPEDIDA?

_____

_____

_____

Cuando haces este tipo de cosas, logras que tus videos se diferencien de los de otros youtubers, mejor dicho, les pones tu sello. En tus videos sale tu personalidad. Por ejemplo, yo eructo en mis videos, hago muecas, digo cualquier cosa que se me ocurre y aunque puede parecer que otros youtubers también lo hacen busco que la manera de hacerlo marque un punto de diferencia. Esas cosas también hacen parte de mi sello.

⏩ ¿Y SI QUIERES CAMBIAR TU CONTENIDO?

En la estructura, así como en los cambios de contenido, debes ser cuidadoso y sutil. Al comienzo cuando empiezas a subir videos puede ser que alguno no tenga muchas visitas, no importa, insiste por un buen tiempo, si ya has generado un público base de 1.000, 10.000, 100.000, 1'000.000 o más... y si cambias drásticamente la estructura o el concepto de tus videos, jamás se van a conectar totalemente con tu contenido.

Si por ejemplo yo quisiera comenzar a hacer videos de tutoriales, que no es algo que hago actualmente, debo procurar que el cambio no sea brusco para cuidar a mi audiencia, debo ayudarla a acondicionarse, pues para ellos puede resultar muy extraño y de pronto insultante que yo cambie de un día para otro lo que he venido haciendo durante años.

Si quisiera cambiar de contenidos, probablemente comenzaría haciendo tutoriales que tuvieran que ver con los videos que actualmente hago para que el cambio sea llevadero. En mi caso, sería algo como: "Tutorial para no llegar tarde a clase", que puede que no sea muy útil y sería más de comedia, pero estaría incluyendo la palabra "tutorial" en el título y el simple hecho de incluirla en mi canal es un paso súper grande, porque estoy generando una expectativa en la gente para darles a entender que en un futuro podría subir algún otro tutorial sobre lo que sea, y estaría bien hacerlo.

👍 **TIP:** SIEMPRE QUE INTRODUZCAS UN CAMBIO DE CUALQUIER TIPO EN TU CANAL, CUÉNTALE A TU AUDIENCIA. HAZLOS PARTE DE TU EXPERIENCIA Y DE TUS IDEAS. PARA ELLOS ES IMPORTANTE SENTIRSE PARTÍCIPES DE LO QUE HACES EN TU CANAL.

En esto como en todo, se corren riegos, si no lo haces con cuidadito podrías llegar a perder a tu audiencia que durante años has estado ganando, el *engagement* que ya tienes, también podrías ganar nuevos usuarios, por supuesto, pero mi recomendación es que hagas esto con mucha cautela. Al iniciar debes entonces dar a conocer a la audiencia el tipo de videos que vas a hacer, no tienes que ser explícito (decir "hola voy a hacer videos de esto, esto y lo otro"), piensa que YouTube es ese novio/a al que tienes que hablarle con hechos y no con palabras, así que cuéntales con tus videos y que ellos mismos se vayan dando cuenta, y si quieres el cambio o adición de nuevo contenido, puedes preguntarle a tu audiencia en redes si les gustaría que hicieras ese tipo de videos.

Si quieres hacer una mezcla de todo: tutoriales, juegos, retos, *sketch*, blogs por ejemplo, entonces busca hacer un video de cada uno, subirlos con un orden, es decir, que una semana sean tutoriales; la siguiente, retos y así sucesivamente. También es muy importante la constancia para que crees un hábito; en otras palabras, que cada semana esa ronda de programación de tu canal se repita una y otra vez. Si algún día no puedes subir el video el día que es, avísale a tu audiencia para que no pierda la rutina de estar esperando tu video cada semana.

No tengas miedo de hacer un canal con un concepto de variedad y versatilidad, lo importante es que lo hagas desde un principio, seas contante y acostumbres a tu audiencia a esa programación.

Otra cosa importante, recuerda que la audiencia de YouTube es gente de todas partes del mundo; si quieres usar regionalismos como parte de tu sello personal, explica a tu público el significado que tienen, y cada vez que los uses haz una pequeña referencia a esa explicación. Te doy un ejemplo: en Bucaramanga, la ciudad donde nací, se dice arrecho para denotar que una persona es de un carácter fuerte, o expresa enojo. En otras regiones del país, así como también en Argentina, significa que alguien tiene excitación sexual, y en Costa Rica significa que alguien es inteligente.

Como youtuber debo explicar estas cosas, no hablo de una explicación de 30 minutos, pero sí algo que le deje claro al espectador por

qué yo uso esa palabra, sin pasar por vulgar o algo así frente a una persona que la utiliza de forma diferente a como yo lo hago.

¿QUÉ EXPRESIONES, GESTOS O HÁBITOS TUYOS PODRÍAN HACER PARTE DEL SELLO DE TUS VIDEOS?

_____

_____

_____

_____

_____

_____

_____

_____

_____

ES MUY IMPORTANTE

QUE LAS PERSONAS QUE VISITAN TU CANAL
Y QUE AÚN NO SON SUSCRIPTORES

SEPAN DE QUÉ SE TRATAN TUS VIDEOS,

¡HAZLO SABER EN LA DESCRIPCIÓN
➡ DE TU CANAL! ⬅

LOS SIGUIENTES CONTENIDOS

RECIBEN

LA MAYOR CANTIDAD

DE LIKES

EN YOUTUBE

1. RETOS 😊

2. TUTORIALES

3. PREGUNTAS Y RESPUESTAS

4. CONCURSOS

5. SORTEOS DE REGALOS Y SORPRESAS

LECCIÓN # 6

MIS PIEZAS DEL CUBO

ARMANDO EL CUBO

Esta es una de mis partes favoritas. Cuando comencé, no pensaba mucho en quién veía mis videos, pensaba: "Que los vea quien los vea y ya, gústele o no", pero eso ha cambiado un poco, porque YouTube me ha permitido saber quién ve mis videos, entonces ahora pienso en mi audiencia. Igual tú y si quieres, cuando diseñes el contenido que respaldará el concepto de tu canal debes pensar en quién te ve, en tu audiencia, eso te permitirá saber quién te está viendo y podrá además darte una ayuda para saber también sobre qué temas puedes hablar y cómo los debes expresar, una vez sepas a quién te vas a dirigir.

En mi caso, esas personas son "mis piezas del cubo", quienes no solo me han estado siguiendo en estos años, sino que se han convertido en las mismas personas que me cambiaron la vida, las mismas personas que me motivan a seguir cada día en esto, quienes respaldan cualquiera de mis ideas y las defienden como si fueran propias. Nunca creí que se iban a convertir en algo tan importante para mí, y hoy día todavía me cuesta seguir creyéndolo, pero a estas personas no les gusta dejar margen de duda en mí; siempre tienen la razón perfecta para demostrarme que a su lado voy a tener las respuestas a cualquier pregunta. Y para ser sincero, también me gusta pensar que sienten lo mismo hacia mí y que saben que cualquier cosa que necesiten pueden contar conmigo. Desde un principio hicieron parte de mis sueños como youtuber y ahora son indispensables para mí como persona.

Si bien hago lo que me gusta y me muestro como soy en mi canal, me importa cuidar a mi audiencia y conocerla, saber qué les gusta, qué no les gusta, qué personas son importantes para ellos, quiénes son, cómo les gusta que les hablen, sobre qué temas, qué les gusta hacer en su cotidianidad y hacer mis videos teniendo en cuenta todo eso, sin dejar a un lado mi comodidad propia, es decir, que a mí también me guste todo.

Mi mayor audiencia, mientras escribo este libro, está entre los 18 y 24 años en Colombia, México, Argentina, Ecuador y Chile principalmente, seguido por un grupo de personas entre 11 y 17 años, luego entre 25 y 35. Hay un grupo de mayores de 60 y más (de pronto mi abuelita y sus amigas), que incluso es mayor que el de 35 a 60 años. El 63% son mujeres y el 37% hombres. Esto ha cambiado bastante desde mis inicios pero cada día, cada semana, cada mes, cada trimestre y cada año yo me esfuerzo por entenderlos mejor. Todos ellos se ubican en Colombia, México, USA, Argentina, Ecuador, Chile, Perú, Uruguay, España, Paraguay, entre otros países.

Si te das cuenta, la mayor audiencia que tengo son las personas contemporáneas a mí, a quienes les gustan los videos que hago porque son temas y contenidos que a mí, una persona de 20 años, también me gustan, me dan risa y me atrapan. Ahora yo prefiero hacer cosas divertidas, más que hacer algo reflexivo. Los videos de reflexión los dejo para ocasiones muy especiales en donde siento que tengo que decir algo que no digo todos los días y merece atención especial.

Es más fácil que cuando los que me ven y están con sus amigos digan, "uy, viste cómo le reventó el huevo en la cara Juanpa Zurita a Sebastián Villalobos y cómo le respondió, deberíamos hacer el reto de los huevos" a que digan, "oye, Sebastián nos dijo que fuéramos felices y tiene razón, seamos felices". Los contenidos y las formas de decir las cosas tienen que estar alineados con tu audiencia sin que pierdas, como lo he venido diciendo, la esencia de quien tú eres, tu sello, es un equilibrio.

Algo importante a decir en este punto es que una forma en la que yo escucho al público es leyendo tooodos los comentarios que me hacen, los buenos y los malos. No necesariamente los respondo todos, pero sí los leo, porque ahí encuentro cosas que me han sido de mucha inspiración y utilidad. También interactúo un poco con las personas al poner algunos de sus comentarios sobre el anterior video al final del que esté haciendo; muchos se preguntan cómo hacen para aparecer ahí. Sobre esto debo decir que simplemente pongo los que me llaman la atención, me parece una forma linda de estar en contacto con la audiencia y de generar algún tipo de respuesta de ellos hacia mí, que no se queden callados, me gusta escucharlos, leerlos y entre más pueda hacerlo, mejor.

Si aún no eres youtuber, aquí te dejo 10 preguntas que te ayudarán a definir mejor a la audiencia a la que te quieres dirigir y de esta forma puedas comenzar a pensar en generar contenido específico para ella.

10 PREGUNTAS PARA DESCUBRIR A TU USUARIO (PUEDES ELEGIR MÁS DE UNA OPCIÓN POR PREGUNTA O INCLUSO TODAS)

⏩ **EL CONTENIDO DE MI CANAL ESTARÁ DIRIGIDO PRINCIPALMENTE A:**

☐ Hombres
☐ Mujeres
☐ Comunidad LGTB

⏩ **LAS EDADES DE LAS PERSONAS A LAS QUE QUIERO MOSTRARLES MIS VIDEOS ESTÁN ENTRE LA SIGUIENTE EDAD:**

☐ Menores de 10   ☐ 36-46
☐ 11 - 17   ☐ 46-60
☐ 18 - 24   ☐ 60 o más
☐ 25 - 35

⏩ **DE QUÉ LUGARES SON LAS PERSONAS A LAS QUE LES QUIERO LLEGAR:**

MI PAÍS: _____

- ☐ América Latina
- ☐ Estados Unidos y Canadá
- ☐ Europa
- ☐ Asia
- ☐ África
- ☐ Oceanía

⏩ **¿CUÁLES SON LOS GUSTOS EN COMÚN QUE TIENEN LAS PERSONAS QUE ESCOGÍ?**

- ☐ Videojuegos
- ☐ Coleccionistas
- ☐ Música
- ☐ Retos y desafíos
- ☐ Viajes
- ☐ Idiomas
- ☐ Negocios
- ☐ Alguna cultura específica
- ☐ Ciencia y experimentos
- ☐ Positivismo
- ☐ Política
- ☐ Deportes
- ☐ Manualidades
- ☐ Belleza
- ☐ Fitness
- ☐ Danza
- ☐ Medio ambiente
- ☐ Animales
- ☐ Cocina
- ☐ Libros
- ☐ Misterio y ciencia ficción

☐ Películas
☐ Tecnología
☐ Otros: _____

▷▷ **¿CÓMO ES LA FORMA DE HABLAR DE LAS PERSONAS A LAS QUE TE DIRIGES?**

☐ Descomplicada
☐ Jovial
☐ Seria y formal
☐ Profesional o con tecnicismos
☐ Con groserías
☐ A la moda
☐ Anticuada
☐ Otra: _____

▷▷ **¿CUÁLES COSAS CREES QUE NO LES GUSTAN?**

_____

_____

_____

▷▷ **¿QUIÉNES SON LAS PERSONAS QUE MÁS CREES QUE INFLUYEN EN TU AUDIENCIA?**

☐ Padres
☐ Hijos
☐ Pareja
☐ Colegas
☐ Amigos
☐ Comunidades virtuales
☐ Expertos en ciertos temas
☐ Otras: _____

▶▶ **HAZTE UNA IDEA DE CUÁNTO TIEMPO PODRÍA DEDICAR TU PÚBLICO A VER TUS VIDEOS:**

- ☐ Menos de 5 minutos
- ☐ Entre 5 y 10 minutos
- ☐ Entre 10 y 20 minutos
- ☐ Entre 20 y 30 minutos
- ☐ Entre 30 minutos y una hora
- ☐ Más de una hora

▶▶ **¿CUÁLES SON LAS REDES SOCIALES QUE MÁS UTILIZAN APARTE DE YOUTUBE?**

- ☐ Facebook
- ☐ Snapchat
- ☐ Instagram
- ☐ Twitter
- ☐ Tumblr
- ☐ LinkedIn
- ☐ Vimeo
- ☐ Otras: _____

▶▶ **¿EN QUÉ OTROS CONTEXTOS O LUGARES PUEDES ENCONTRAR A TU AUDIENCIA?**

_____

_____

_____

_____

_____

_____

USA ESTE ESPACIO PARA DESCRIBIR
A TU USUARIO Y LAS COSAS QUE
A ESTE LE PODRÍAN GUSTAR:

_____

_____

_____

_____

_____

_____

_____

_____

_____

_____

_____

_____

_____

_____

_____

_____

_____

_____

_____

LECCIÓN # 7

¡ENREDADOS!

Cuando decides ser youtuber, tienes que poder alinear todas tus redes sociales a tu concepto de canal o de marca, ya que es el medio donde promocionas tu videos, pero tienes que tener claro la "personalidad" de cada red (sí, cada red social tiene su personalidad propia), pues cada una se usa de forma diferente. También debes poder analizar los comentarios que vienen de cada una de tus redes sociales para que puedas hacer las cosas cada vez de una mejor forma.

TIP: SIEMPRE PONGO AL FINAL DE MIS VIDEOS COMENTARIOS QUE EL PÚBLICO HA HECHO AL VIDEO INMEDIATAMENTE ANTERIOR.

Por lo general, utilizo algunos comentarios para que sean voceros de otros iguales, es decir, en ocasiones hay muchas personas que comentan lo mismo, y entonces yo escojo uno de esos comentarios iguales para ponerlos como representación de quienes hayan escrito el mismo comentario. Normalmente, estos comentarios no solo son explorados por YouTube, sino que pueden verse en las demás redes sociales.

No solo uso las redes sociales para saber sobre mi audiencia, sino también para dejarle saber a la gente en qué estoy y compartir cada cosa que hago. Con el tiempo he ido sumando más actividades a mi trabajo, he hecho cosas en otras plataformas como la TV, asisto a eventos, hago actividades con marcas, las entrevistas... A veces son tantas cosas que me queda difícil grabar un video de cada una de ellas, entonces utilizo las otras redes sociales que no son YouTube, para compartir con mis PDC en qué estoy. Es por esto que en la caja de descripción pongo mis otras redes, para que así quien sienta más ganas de saber acerca de lo que hago, pueda hacerlo.

En lo que sigue te voy a explicar un poco sobre las cuatro redes que más uso después de YouTube y cuáles son sus características.

INSTAGRAM

Esta red está hecha para la moda, creo que es la red más importante para los youtubers de estilo de vida, belleza y *fashion*. Es la pionera de las *selfies* y creo que eso fue lo que la hizo única y adictiva. Está enfocada a la subida y tratamiento de imágenes con sus retoques y filtros. Hoy día también se pueden hacer videos de corta duración desde dispositivos móviles únicamente, y puedes retocar tus imágenes o poner filtros en ellas, además puedes etiquetar personas y hacer comentarios. Se creó en el 2010 y ha sido todo un éxito. En el 2012 Facebook compró esta red y las marcas la utilizan muchísimo para saber qué tan posicionadas están frente a sus clientes y como catálogos de sus productos. Lo más importante de esta red es que tengas en cuenta que prevalece la imagen, por tanto el contenido que subes aquí debe ser visual y muy estético. Es la red social *hipster*.

National Geographic, Victoria Secret, Nike, Forever 21, Starbucks y la NBA son unas de las marcas que más seguidores tienen en esta red social. Allí puedes promocionar avisos de forma gratuita y esto hace que las empresas la prefieran, pues es una forma más orgánica y natural de llegar a su público objetivo. Tal como a quienes hacemos parte de la comunidad de YouTube nos llaman *youtubers*, a las personas que tienen afición por esta red social y son influyentes en ella se les llama *instagramers*.

Cuando hagas tu bio de Instagram, pon en tu sitio web un link de otra red social, esto ayudará a que tengas más tráfico de seguidores. Procura que el nombre que pongas tenga relación con el que has puesto en tus otras redes sociales, o que sea el mismo. Al igual que con YouTube, esfuérzate por hacer una buena descripción tuya, de tal manera que si alguien te encuentra y no te conoce, sepa muy bien lo que haces. Yo, por ejemplo, siempre intento usar los mismos nombres en las diferentes redes sociales (@villalobossebas y @sebbbbas).

Usa los *hashtags* para encontrar a tus posibles seguidores. Como te dije antes, aprovecha esta red para generar expectativa, úsala para que tus usuarios puedan verte en otras facetas, que puedan conocer las otras cosas que te apasionan, haz llamados a la acción, invítalos a hacer diferentes cosas por medio de Instagram. Como es una red netamente visual, evita poner imágenes de mala calidad.

AQUÍ TE DEJO
MI NOMBRE DE USUARIO
EN INSTAGRAM: @SEBBBBAS

SNAPCHAT

Esta es una red que nació como un proyecto de estudio que hicieron tres estudiantes para su clase de diseño de producto en la Universidad de Standford. La aplicación te permite subir videos y fotos que se borran en un lapso de 24 horas y su duración de tiempo tú lo defines entre 1 y 10 segundos. Esta red también fue creada en el 2010 y quienes están súper activos en ella se hacen llamar *snapchatters*.

Aquí lo importante es que compartas momentos de tu día, puede ser a través de una foto o un video (más conocidos como snaps) y lo más divertido es que te permite agregar dibujos, textos, emojis, así como poner filtros que transforman tu cara en cualquier cosa (según el ánimo del desarrollador de la app), lo que permite darle una personalización a ese momento que estás compartiendo o pensando. Uno se divierte mucho usándola, al igual que tus seguidores. Aunque la mayoría la usamos para compartir mensajes y videos de nuestro día, también se puede conectar en vivo.

Las personas que más utilizan esta red están entre los 13 y 25 años, y las marcas también están haciendo uso de esta red para hacer concursos, presentar a sus nuevos empleados, ofrecer descuentos, entre otras cosas. Lo más importante aquí es la creatividad para contar tus historias y también te ayuda a no llenar de tanto spam las demás redes. Lo que tienes que saber es que al día se envían más de 400 millones de fotos, lo que nos invita a que enviemos cosas muy recreativas y originales para tener un punto de diferenciación.

Como youtuber, puedes subir snaps mostrando tus momentos "detrás de escena", o si estás haciendo algo divertido puedes mostrarlo ahí, si estás indignado, aburrido o cualquier cosa. Son mini video vlogs de tu día con una edición instantánea, que te permite compartir de forma rápida, efímera e imperfecta, ya que al ser temporal no existe esa obsesión por la perfección que sí se da en otras herramientas como Instagram. Esta red te deja ver quién ha visto tus fotos y videos, incluso quién le hace captura a cualquiera de ellos, entonces puedes sacarle mucho provecho si te lo propones. Mi Snapchat es Sebbbbas!

FACEBOOK

Esta red es probablemente la más conocida en el mundo. Se creó en el 2004 y según las estadísticas de su página, a diciembre de 2015 tenía 12.691 empleados y 1.59 miles de millones de usuarios activos. ¡Esto es muchísisisisimo! Facebook es la red social que compartes con tus grupos de amigos y tus fans, que los puedes considerar como tu familia. En esta red puedes compartir fotos, videos, estados de ánimo, pensamientos, tienes acceso al chat, a grupos, páginas, juegos, y *livestreaming*. También está el botón "me gusta", que ahora te da más opciones. Creo que es la red que más herramientas tienes para expresar lo que tienes que decir. Sin embargo, tienes que ser cauteloso en Facebook, pues esta es probablemente la red más sensible y más personal que tienes. Esta red, por tener esa característica, te permite tener una forma de comunicación diferente con tus amigos y tus seguidores. En mi caso, les cuento cómo me siento, qué me frustra, qué me encanta, en qué otros lugares estoy apareciendo fuera de Internet, como revistas, programas.

Como esta red no es tan estricta en cuanto al tiempo de los videos o al número de caracteres, puedo contar un poco más. Para mí, Facebook es donde puedo expresar todo mi amor a mis piezasdelcubo sin pensar en la cantidad de caracteres que puedo o no usar, y es en la que más comentarios recibo. Cuando publico un video o quiero compartir lo que siento en algún momento de mi vida, esta es la mejor manera de abrir mi corazón y expresarlo.

La idea es que cuando la gente lea un estado de Facebook, lo pueda leer con la voz de Sebastián Villalobos. Si escribo "hola, hoy me siento demasiado poético", mi audiencia sabrá que eso no lo escribí yo. En cambio, si escribo "tengo hambre", ellos sabrán que soy yo.

TWITTER

Esta red se creó en el 2006 y su esencia es informar o crear una conversación. Por medio de ella puedes enviar mensajes de texto no mayores a 140 caracteres, puedes enviar mensajes privados (DM), compartir links interesantes y fotos, los cuales se llaman *tweets* o tuits. De esta red salieron los famosos *hashtags* o etiquetas, que hacen referencia a anteponer el signo # antes de una frase o una palabra sin espacios, por ejemplo sobre un tema en general, como #Música, o sobre acontecimientos específicos, como #NuevoVideoSebas, y estos *hashtags* permiten analizar cuáles son las tendencias o los *trending topics* (TT) en tu ciudad, en tu país o en el mundo entero. Uno de mis *hashtags* favoritos es #PDC, que son las siglas de "Piezas del cubo".

TIP: SI TU *HASHTAG* SE COMPONE DE DOS PALABRAS O MÁS, PON LA PRIMERA LETRA DE CADA PALABRA CON MAYÚSCULA, ASÍ ES MÁS FÁCIL DE LEER.

Los *hashtags* son la herencia de Twitter a las otras redes sociales e incluso a la televisión y son muy importantes a la hora que quieras enmarcar una conversación sobre algún tema, ya que cuando utilizas el # quedará marcado y se convierte en una especie de link que te lleva a todos los tuiteros que están hablando sobre el mismo tema. Cuando quieras proponer un *hashtag* ten en cuenta que sea breve, que se entienda o lo entienda al menos un grupo de personas con quien lo usarás.

Los *trending topics* de Twitter se dan cuando el grupo de personas hablando con tu *hashtag* se convierte en la conversación del momento y puede ser regional, nacional o mundial. Ten en cuenta que además de enmarcar tu conversación con tus seguidores si estás hablando de un tema relevante, esto puede atraer nuevas personas que quieren hacer parte de tu conversación. Suelo ver muy seguido los *trending topics* para saber qué está ocurriendo en el mundo. Me gusta estar informado, y además de allí muchas veces puedo obtener ideas sobre los videos que haré.

Twitter lo puedes utilizar para conversar, para informar a tus seguidores qué estás haciendo, qué estás pensando en ese momento, como la voz de tu conciencia, y también para expresar tu opinión en tiempo real de algo importante que esté sucediendo. Entonces, si escribes algo busca que llame la atención, que otras personas lo puedan marcar como "me gusta", o mejor aun, que lo puedan retuitear (RT) y compartir a sus seguidores. Al ser una red para buenos lectores, te recomiendo cuidar tu ortografía. Yo siento un amor enorme cuando recibo *likes* y *retweets* en mis tweets, eso me hace sentir escuchado por la gente y además me sube el ánimo, por increíble que parezca; en realidad es algo que no puedo explicar, pero supongo que está muy anclado con sentir que soy importante para ellos con ese simple hecho, porque así lo siento. Asimismo, me gusta hacerles saber que cuando ellos escriben para mí, con algo bonito, mi manera de avisarles que me gustó es justamente así, marcándolos como "me gusta" y en algunas ocasiones también le doy RT para presumir de las increíbles personas que tengo a mi lado, mis piezasdelcubo.

Cuando mencionas a alguien, antepones un "@" delante de su nombre de usuario. Si te das cuenta, he escrito muchas siglas y es porque precisamente en esta red necesitas ahorrar espacio, entonces todo está resumido. Esto no significa que sea recomendable escribir saltándote las vocales, como lo harías en un SMS o de pronto por WhatsApp. Tampoco te saltes los signos de puntuación. El arte de tuitear está en ser contundente al dar un mensaje bien escrito y con pocas palabras.

Algo que puedes hacer en Twitter es publicar fotos que subes en Instagram o en Facebook, así los tuiteros que te leen pueden saber que utilizas otras redes, pues aunque no lo creas hay personas que solo tienen una red y en muchas ocasiones es esta.

TIP: APROVECHA TUS OTRAS REDES PARA GENERAR EXPECTATIVA SOBRE LOS VIDEOS QUE ESTÁN PRÓXIMOS A SALIR. PON FOTOS O SEGUNDOS DE LO QUE HARÁS.

Algo muy bonito que salió por medio de esta red fue el nombre "piezas del cubo". Un día por medio de Twitter hice una analogía y les pregunté: ¿les gustaría llamarse mis "piezas del cubo"? Y les gustó y así quedó. Creo que esta red es la que utilizo para tener una conversación con mis seguidores, saber qué preguntas quieren que les responda en mi próximo video #AskSebastian o cuando quiero hacer algo especial y quiero saber su opinión.

Twitter también ha sido muy importante para mi y mis PDC, porque es en la red en la que mantengo una especie de canal informativo. Allí publico si me estoy tardando en subir un video, o también informo noticias importantes como cuando estoy participando en un concurso o un *show* de televisión. El apoyo es tan grande que me hacen sentir su cariño por todos sus mensajes, que por lo general se convierten en *trending topic*, y eso siempre me hace muy feliz.

MI CUENTA DE TWITTER ES @VILLALOBOSSEBAS

¡CUIDA LOS EXCESOS!

Por otro lado, sé muy cuidadoso con no estar rogando a tu audiencia tooodo el tiempo que te den un *like*, que se suscriban a tu canal o te sigan en Twitter, Instagram, Snapchat, Facebook y demás redes. Hay otras formas de decirlo, como por ejemplo poniendo tus links a otras redes sociales en la cajita de descripción. Si a alguien le interesa tu canal y quiere ver más, mirará la descripción y te seguirá; no lo estás repitiendo a lo largo de todo el video, causando molestias a quien te oye. Recuerda que en el guion de tu video puedes incluir unos segundos para invitar a la gente a seguirte, pero sin excederte en pedírselo.

TIP: NO SUPLIQUES *LIKES* A TUS USUARIOS, O QUE SE SUSCRIBAN A TU CANAL. GENERALMENTE SI ELLOS DESEAN DAR *LIKE*, BUSCARÁN LA FORMA DE HACERLO, SE LO HAYAS PEDIDO O NO.

INTERCONECTA TUS REDES

Es muy importante ser coherente en tus redes para que se puedan relacionar; por ejemplo si escribo en Twitter "tengo hambre" en Facebook explico por qué tengo hambre y mi sensación, y si esto lo uno a Snapchat y pongo una foto con mi cara de hambriento, entonces hay coherencia entre mis redes.

Personalmente, las redes en las que más soy activo después de YouTube son Instagram y Snapchat (esta última borra el contenido cada 24 horas); por ejemplo, 140.000 personas me ven y de una publicación podrían hacer 1.200 capturas y algunas personas pueden incluso subirlas a Instagram. En la mayoría de los casos, son mis PDC a quienes les gusta interconectar mis redes al hacer estas capturas y postearlas en otras redes. Por eso puedes ver que en Twitter una PDC creó @SebbbbasSnap y allí trata de subir todos mis snaps. Hay otras cuentas que van compartiendo toda la información de lo que está pasando conmigo, a dónde voy, con quién estoy, qué estoy haciendo o cualquier contenido mío o de otra persona en el que yo aparezca, por ejemplo @VillawolfSnap en Twitter.

MAPA DE REDES

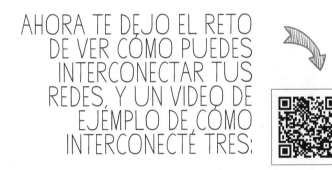

AHORA TE DEJO EL RETO DE VER CÓMO PUEDES INTERCONECTAR TUS REDES, Y UN VIDEO DE EJEMPLO DE CÓMO INTERCONECTÉ TRES:

Es importante que sepas que no es obligatorio estar en todas las redes sociales, porque son muchas, imagínate: Facebook, Google+, Twitter, LinkedIn, Pinterest, Flickr, YouTube, Instagram, Vimeo, Snapchat, Younow, Musical.ly, Hi5, Soundcloud, etc. Escoge las redes en las que estarás muy activo porque sientes que son las que te permitirán conectarte con tu audiencia o las que más te gusten y más disfrutes usar. Por otro lado, si bien las redes sociales son una gran herramienta, úsalas adecuadamente, no pierdas tu privacidad; tus seguidores saben entender que hay cosas muy privadas y ellos son los primeros en respetarlos.

USA RESPONSABLEMENTE TUS REDES

Tú eres la única persona responsable de las cosas que subes a Internet. Sobre este punto, te recomiendo que la información personal, como tu dirección y número de teléfono, mejor no la publiques. También es bueno que estés pendiente de la información que suben otras personas sobre ti; la mayoría de redes te permiten moderar esto, pero otras no, por lo que debes ser muy cuidadoso con lo que se publique sobre ti para que puedas cuidarte del ciberacoso, que podría afectar a cualquier usuario. Aquí aprovecho para decirles a mis piezasdelcubo que tengan mucho cuidado cuando dan información a extraños, incluso porque muchas veces hay gente que utiliza usuarios con mi nombre, por eso tengan en cuenta que mis redes son:

- FACEBOOK.com/villalobossebas

- TWITTER.com/villalobossebas

- INSTAGRAM.com/sebbbbas

- SNAP: sebbbbas

- VINE: villalobossebas

- MUSICALLY: villalobossebas (y si voy a preguntar algo lo voy hacer allí públicamente).

Otro uso responsable de las redes sociales es fijarte en el tiempo que pasas en ellas, las cuales muchas veces pueden llegar a ser tan divertidas que dedicas muchas horas al día frente a la pantalla de tu dispositivo y pierdes la oportunidad de estar haciendo otras cosas divertidas con tu familia, amigos o aprendiendo algo nuevo mientras lees un libro. Pasar mucho tiempo en Internet te puede dar ansiedad, quitarte las ganas de dormir, generarte una adicción o el simple hecho de que la calidad de tu tiempo con otras personas disminuye, así que préstale atención a esto y ponte un límite de tiempo en la red con horarios para que tu vida virtual no reemplace tu vida real.

Si eres menor de edad y vives con tus padres, probablemente si pasas mucho tiempo en redes o con el celular o el computador, tus padres te dirán que qué haces, que dejes eso. Es completamente entendible su reacción, pues en muchas ocasiones ellos no saben en qué consisten las redes sociales, solo han escuchado hablar de eso, pero no lo entienden y el desconocimiento genera miedo, por eso tómate el tiempo para explicarles, hazlo de forma divertida.

TE DEJO UN VIDEO QUE SE LLAMA "MI NONA VS. LA INTERNET"

en donde le pregunto a mi abuelita qué tanto sabe sobre el lenguaje que se usa en las redes sociales y sus explicaciones.

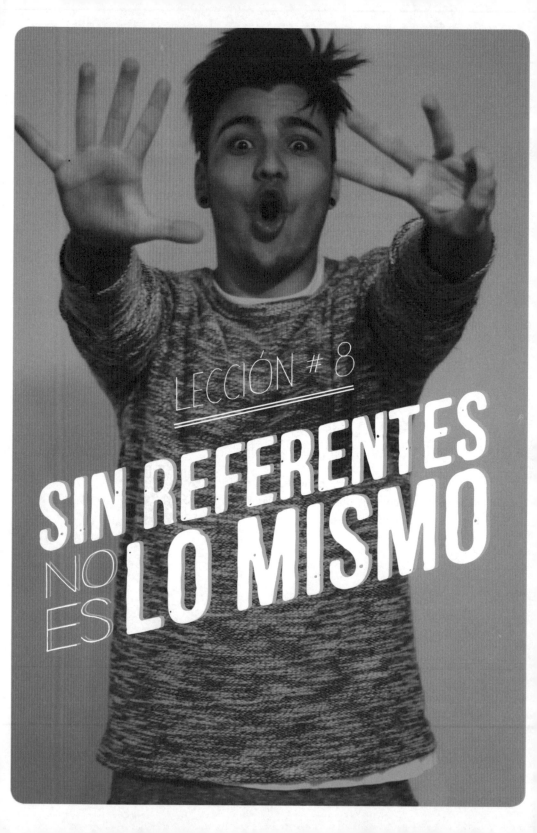

LECCIÓN # 8

SIN REFERENTES

NO ES LO MISMO

Recomiendo ver referentes, antes, durante y siempre que tengas un canal. Ya te había comentado que hay youtubers para todo, que era bueno que te preguntaras qué era lo que querías compartir al mundo. Después de saber eso, es muy importante que veas las personas que ya lo hacen, que te inspires, que obtengas nuevas ideas de ellos, sin caer en copiar su contenido y que tomes todo eso bueno para aprender. Uno de los referentes que vi al comenzar eran Los chicos de Smosh. Particularmente, me gusta cuando inician sus videos con una frase que es anulada con un *¡shut up!*

También pienso que en la actualidad es importante ver referentes antes de empezar, porque creo que si quieres ser youtuber está bien arriesgarse y empezarlo a hacer. Creo que la calidad de YouTube ha mejorado considerablemente y creo que todos los youtubers nos hemos preparado para que cada vez la calidad de los videos sea mejor. Entonces si tú quieres ser un youtuber hoy día, debes ser muy cuidadoso con la calidad del video que estás subiendo, ya que la audiencia es cada vez más exigente.

ALGUNOS EJEMPLOS DE REFERENTES

Analiza las estructuras que tienen los diferentes creadores de videos. Sobre esto notarás que dependiendo del público al que se dirigen y su personalidad todo cambia. Desde su forma de expresarse, hasta el diseño que manejan y esto pasaría incluso si hablaran del mismo tema. Una persona que comenzó sabiendo de referentes es German Garmendia, un youtuber súper famoso chileno, quien empezó a subir videos unas semanas después de mí y su sello se ha hecho cada vez más robusto en todos sus canales.

Si te gusta la política, por ejemplo, El Pulso de la República es un buen referente que habla y te enseña de política utilizando la comedia. Clevver TV son youtubers de chisme y si te das cuenta lo que hacen no funciona en TV pero resulta muy bien en YouTube, y es que su formato está muy bien dirigido a una comunidad en Internet. Si prefieres el misterio, puedes ver a Dross, que tiene una voz, un tono, una velocidad, una forma de editar muy específica y acorde con sus temas; él es un éxito para la audiencia de chicos de todas las edades.

Entra un ratico a YouTube y busca referentes, luego completa este cuestionario de tres sencillas preguntas:

CUESTIONARIO DE REFERENTES EN YOUTUBE

▷▷ **ME GUSTA (ESCRIBE EL NOMBRE DEL YOUTUBER):**

_____

▷▷ **LO QUE MÁS ME LLAMA LA ATENCIÓN DE SUS VIDEOS ES:**

_____

_____

_____

▷▷ **VER LOS VIDEOS DE ESTE YOUTUBER ME HA DADO LA SIGUIENTE IDEA:**

_____

_____

_____

En mi caso, tomo referentes de otros videos y analizo qué cosas me hicieron reír, qué me pareció visualmente chévere, los intros, las formas de editar, los truquitos, entre muchas otras cosas. También tomo referentes de otros medios: los memes, las películas, la calle, campañas publicitarias. Normalmente veo todo y me pregunto ¿cómo puedo aplicar esto a un video? Es decir, procuro también que lo que haga sea único y tenga mi sello personal.

Lo actual es súper importante. Si hoy haces el *Charlie Charlie*, *Harlem Shake*, *Ice Bucket Challenge*, pues ya pasó, así hagas el mejor o estés con Shakira haciendo *Chubby Bunny Challenge*. Esto ya no es interesante para el que lo ve, por eso dentro de mis referentes también están los *trending topics* de Twitter, pues la actualidad es una fuente de inspiración.

Algunas veces intento hacer cosas diferentes que veo,

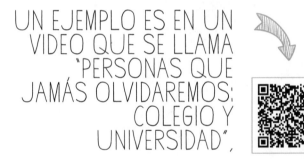

UN EJEMPLO ES EN UN VIDEO QUE SE LLAMA "PERSONAS QUE JAMÁS OLVIDAREMOS: COLEGIO Y UNIVERSIDAD",

donde invito a la audiencia a interactuar con el video acariciando un botoncito rojo durante unos segundos, y cuando lo hacen pasan bajo su dedo varias escenas graciosas; esto lo vi en un video en el 2011; era un hombre que se ponía a sí mismo en escena, mientras el que veía el video acariciaba el botón. Simplemente lo probé y me gustó, pero si te das cuenta no es algo que haga en todos mis videos.

Los referentes me han servido incluso para responder entrevistas en momentos en los que no sé ni cómo responder o ver qué otras cosas puedo realizar. Los youtubers que llevan más tiempo ya hasta han hecho películas súper taquilleras y han llevado a cabo otro tipo de negocios como apadrinar plataformas, crear aplicaciones, libros, etc., y esto te ayuda a ver cómo puedes diversificar lo que estás haciendo en la actualidad.

Muchas veces puedes creer que tienes una idea completamente original y única, pero cuando vas a buscar ya alguien la ha llevado a cabo y tú podrías mejorarla, pero si no vieras qué pasa podrías simplemente copiar incluso sin que lo sepas. Así que ¡invierte tiempo en tus referentes!

👍 **TIP:** NO SOLAMENTE LOS YOUTUBERS SON REFERENTES, TODO A TU ALREDEDOR PUEDE SER UN REFERENTE: LA CALLE, LAS PELÍCULAS, TU FAMILIA, LAS MARCAS, LA NATURALEZA. ¡SÉ MUY OBSERVADOR!

CUANDO DECIDES SER UN YOUTUBER,

TIENES QUE PODER ALINEAR
TODAS TUS REDES SOCIALES

A TU CONCEPTO DE CANAL
O MARCA PERSONAL.

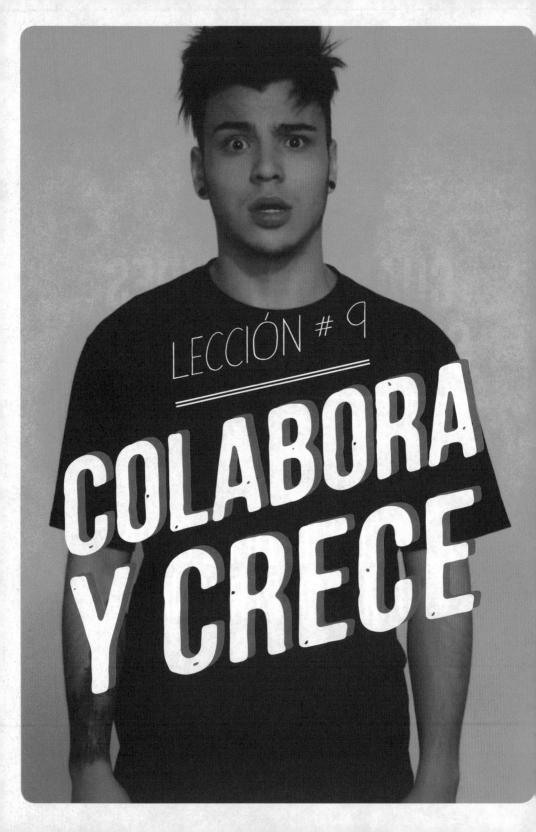

LECCIÓN # 9

COLABORA Y CRECE

Muy de la mano con los referentes, están las colaboraciones. Colaborar te permite diferentes cosas: puedes darte a conocer a otras audiencias a las que les podría interesar tu contenido, imprimirle un dinamismo interesante a tu canal, ayudar a generar credibilidad en esta nueva profesión (si quieres llamarlo así), fortalecer el grupo de youtubers de tu país y hacer que se abran nuevas oportunidades para quienes deciden arriesgarse, entre muchas otras cosas. Si te das cuenta, en una gran parte de mis videos aparezco con otros youtubers u otros invitados.

Personalmente, le he dado al canal un aire natural, fresco, relajado, y por eso me gusta invitar personas reales, no tanto personajes. La gente que invito a mi canal suele ser aquella que tiene un contenido que a mí me gusta y en algo es similar al mío, que va por la misma línea. Evito invitar personas más controversiales o con contenido grosero porque cuido a mi audiencia, no me gusta redirigirla a un contenido vulgar, aunque sé que a los youtubers que tienen este estilo les funciona muy bien; lo respeto completamente, de hecho conozco muy buenos youtubers de este estilo, aunque pienso que probablemente tampoco me invitarían a sus videos.

Piensa en personas que tengan un contenido y un estilo en línea con el tuyo y que además puedan aportarle algo a tu canal, tampoco se trata de poner a cualquier persona sin una razón. Invitar a un famoso, por ejemplo, no te garantiza una mejor calidad en el contenido de tu video si no tiene una razón de ser el hecho de que esa persona esté en tu canal. Podrías estar faltando al respeto a tu gente solo por lucirles que tienes un video con x o y personaje. De repente, también podría ser un gran video, pero debes analizar bien cómo lo haces.

⏩ LISTA DE COLABORADORES

- _____
- _____
- _____
- _____

También fíjate en qué videos participas, date la oportunidad de pensarlo bien. Algunas veces personas en la calle me dicen que hagamos un video, y es difícil decir que sí cuando no sé de qué se trata, si me gusta o no, o si solo es por aparecer. En otras ocasiones, hay ideas geniales de las que he decidido ser parte incluso si la calidad del video no es la mejor, simplemente porque la idea me encanta; por eso pregunta muy bien y luego decide si quieres o no participar, si te sientes cómodo.

Una de las personas con las que más colaboro en mis videos es Juan Pablo Jaramillo, nosotros somos muy parecidos en nuestra rutina anterior o posterior a subir un video, nos gusta leer los comentarios, nos estamos pasando información constantemente, puedo hacerle muchas preguntas que aún no sé de YouTube, pues él lleva más tiempo que yo haciendo videos. Y también tenemos opiniones diferentes frente a muchos temas, entonces nos podemos retroalimentar. Nuestra colaboración no es solo en los videos que hacemos y subimos juntos, sino también fuera de cámaras.

TE DEJO EL SIGUIENTE LINK PARA QUE VEAS UN VIDEO CON JUAN PABLO JARAMILLO Y JUANA, QUE SE LLAMA "¿QUÉ PROBABILIDAD HAY?":

Rix y Daniel Bautista son de las personas con las cuales colaboro, y además, fuera de cámaras nuestra relación es increíble, podemos hablar tres horas o más sobre temas de marketing y campañas de expectativa que vemos de artistas. Ahora bien, las colaboraciones comenzaron siendo en Bogotá con los youtubers que conocía, y ahora son internacionales. México, por ejemplo, es un país en donde hemos colaborado mucho. Cuando recién llegamos allá no nos conocían, fuimos a una reunión de youtubers y ahí éramos "los colombianos" y dimos con un grupo de amigos con el que hemos hecho muchas cosas y hemos crecido juntos. Ahí decidimos formar Los Caballeros.

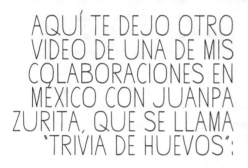

LOS CABALLEROS

Exactamente no sé en qué momento decidimos crear este grupo, solo se hizo y ya, fue la consecuencia de unos muy buenos momentos juntos. Todo pasó en un viaje, o fueron muchos, para mí siempre será un misterio saber cuándo fue el inicio real de nosotros, porque en enero de 2015 Mario Bau, Juanpa Zurita, Juca, Rix y yo estuvimos en Miami una semana, la semana más loca de mi vida. Después éramos más personas, pero esta vez estuvimos en Guadalajara y allí decidimos crear un grupo llamado "Los Caballeros"; es una posibilidad más, es Mexicolombia. Somos un grupo de amigos y colaboradores de ambos países que estamos creciendo juntos en este medio, en palabras de Juanpa Zurita (uno de los caballeros):"Personas que luchan, cumplen sus metas, guerreros con honor, que no hacen trampa, que llegan a sus metas de la manera correcta, que dan su palabra y su palabra es valiosa, generan credibilidad, y lo hemos hecho todos como un gran equipo". Actualmente somos 18, tenemos un tatuaje de un caballero y hemos tenido la oportunidad de hacer muchas cosas juntos.

Nosotros, los youtubers colombianos, nos hicimos conocidos en México no sé cómo, pero ha sido increíble todo el amor mexicano que hemos recibido. Me encanta México, amo los tacos y a diferencia de otros, yo pienso que las mexicanas son "chidas". Con México ha sido increíble, hasta el punto que las métricas de YouTube nos muestran que por temporadas nuestra mayor audiencia está en México. De la misma manera, pasa con algunos de nuestros amigos aquí, un ejemplo es Mario Bautista, que empezó a hacer videos en Vine, y que aquí no era muy conocido pero en México es ¡un fenómeno! Hace giras en su país y lo sacan en los periódicos. Al generar contenidos juntos se ha hecho más conocido acá, y si alguien le pregunta "¿y tú qué haces?" y él dice "soy youtuber", para muchas personas será de pronto más fácil relacionarlo con nosotros y entender a qué se dedica.

RECUERDA SER MUY CUIDADOSO

CON NO ESTAR ROGANDO A TU AUDIENCIA
* TOOOODO EL TIEMPO *
QUE TE DÉ UN LIKE O QUE SE SUSCRIBA A TU CANAL.

LA IMPORTANCIA DE
TRABAJAR EN EQUIPO
PARA TU CANAL

1- Encuentra un nicho de personas que vean
el mundo como tú y relaciónate con ellos.
Esto generará mayor tráfico entre todas tus redes.

2-Estar en contacto constante con este nicho,
te exigirá generar mejores contenidos.

3-Al sumar esfuerzos con otros youtubers
o influenciadores podrás lograr más rápido
tus objetivos de comunicación.

* * * *

LECCIÓN # 10

TUS PROPIAS
IDEAS

He estado hablando de la originalidad, de poner tu propio sello, de usar los referentes como una fuente de inspiración y no copiarlos, de tener en cuenta los *trending topics*, de lo que sucede a nivel mundial, de las tendencias, etc., ya que todo esto puede ser una fuente de inspiración para ti. ¿Cómo haces algo para tu canal con el tema que está en *boom*? Todas estas cosas son importantes siempre y cuando sean tus propias ideas. Tu contenido es el 50% del éxito de tu canal y aquí me gustaría hablar de algo que sucede a menudo y con lo que quiero que tengas cuidado.

CUÍDATE DE HACER FALSA PUBLICIDAD

Muchas veces por obtener un mayor número de reproducciones, las personas hacen una especie de falsa publicidad, generan una expectativa que no se cumple. Entonces en las miniaturas del video y en el título ponen algo que atrapa, que genera intriga y te hace dar clic, pero cuando estás viendo el video no sucede lo que esperabas. Si yo prometo que voy a darle un beso a un hombre en el título, debería hacerlo, no puedo decirle a mi audiencia, "ah no, solo era para que me clickearas". Hacer esto te puede llevar a perder credibilidad frente a ellos o, peor aún, perderlos.

INSPÍRATE EN TUS ERRORES

Otra fuente de inspiración son tus propios errores. Si dijiste "estropuar" en lugar de "estropear", aprovecha el error, haz algo con eso, reconócelo antes que todos y úsalo. No lo dejes pasar porque tu audiencia ve absolutamente todo y es muy detallista, sobre todo cuando te equivocas. Si hiciste un sonido raro como de yegua en un video, pues pon la imagen de la yegua, repítela varias veces y busca un sonido chistoso para ponerle. Juega con los errores y diviértete. No te dé miedo mostrar que te equivocas, eso te hace más humano. No creo que exista una persona en el mundo que no se equivoque y pienso que cuando logras ser tan real eso tiene su mérito.

TE DEJO UN EJEMPLO DE UN VIDEO QUE HICE CON JUAN, ¡MI HERMANO!:

INSPÍRATE EN TU AUDIENCIA

En algunas ocasiones también le he preguntado a mi audiencia qué les gustaría ver, por ejemplo con el #AskSebastián, #AskVillalobos. Hay un tipo de videos que muchos youtubers hacen y es el de "50 cosas sobre mí", esto puede llegar a ser muy divertido, pero te recomiendo que lo hagas solo cuando ya hayas subido un buen número de videos, cuando de verdad las personas tengan un poquito más de intriga sobre ti. No sugiero que tu primer video sea de este tipo.

INSPÍRATE EN TU FAMILIA Y AMIGOS

Creo que cuando estás con tus amigos o familiares que comparten el gusto por hacer videos salen ideas geniales que te inspiran a tus videos. Una vez con mi tía, Kelly Peñaranda, que también es youtuber, escribimos una especie de retos para sufrir. Era una especie de *tour*, pues cada reto tenía que hacerse en un lugar diferente de la casa, cada uno tenía cinco papelitos con una pregunta ligada al lugar donde estábamos y tres opciones de respuesta. Quien se equivocara tenía que hacer el reto. En ese video hasta peleamos y estuvo súper divertido, pero por alguna razón este se dañó y nunca lo pudimos publicar.

Con otro amigo también grabamos un video que se llama "El reto de retos", en el que hacemos un compilado de retos que hemos visto, como el de Belinda cuando rompe una manzana con la cabeza, el *Condom Challenge* y otros. Colaborando juntos la creatividad se dispara.

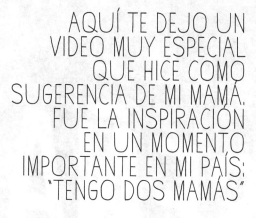

AQUÍ TE DEJO UN VIDEO MUY ESPECIAL QUE HICE COMO SUGERENCIA DE MI MAMÁ. FUE LA INSPIRACIÓN EN UN MOMENTO IMPORTANTE EN MI PAÍS: "TENGO DOS MAMÁS"

LECCIÓN # 11

DISEÑA
TU PROPIA
ESTRATEGIA

No solo es importante tener tus propias ideas en cuanto a los contenidos de tu canal, sino en todos los demás aspectos: la estructura, el diseño, la música, los invitados, cómo te vas a dar a conocer. Hay una gran ventaja que tenemos los youtubers frente a otro tipo de artistas y con nuestros gustos, manera de expresarnos y pensamientos, creamos, sin darnos cuenta, nuestra propia marca personal, que es muy real, a diferencia de muchos artistas que manejan un personaje público.

En tu canal eres tú. Allí compartes lo que quieres y usas las palabras que te gusta usar; todo va en cómo lo dices. Pero debe ser una idea que sale de ti. Es tuya y eso te hace único, auténtico. Así que te invito a buscar ideas en todo lo que está a tu alrededor, y antes de sacarlas en video podrías probar con las personas cercanas a ti para ver qué tal funciona la idea (por ejemplo: si a ti te molesta pegarte en el dedito pequeño del pie, pregúntales a varias personas si también les molesta y si es así, haz un video con eso). Es importante que busques a alguien sincero, de manera que esta sea una forma de validación de la idea y puedas mejorarla gracias a sus opiniones. El mejor ejemplo para desarrollar una marca personal son los súper héroes.

¿Has notado que los súper héroes son difíciles de olvidar? Te gusten o no, son un buen referente de cómo hacer un buen uso de marketing personal; ellos defienden unos valores específicos, tienen unos poderes particulares, también muestran debilidades, usan su uniforme que hace que los reconozcamos fácilmente, tienen una forma de hacer las cosas diferente a los otros. Te quiero dejar una cuestionario muy básico para que puedas comenzar a diseñar tu propia campaña de marketing personal.

MI CAMPAÑA DE MARKETING PERSONAL

▷▷ **¿EN QUÉ SOY BUENO?**

_____

_____

_____

▷▷ **¿QUÉ ME DIFERENCIA DEL RESTO DE LAS PERSONAS?**

_____

_____

_____

▷▷ **¿CUÁLES SON MIS PUNTOS DÉBILES?**

_____

_____

_____

▷▷ **¿CÓMO QUIERO QUE ME RECONOZCAN LOS DEMÁS? ¿QUÉ ME GUSTA-RÍA QUE DIJERAN DE MÍ?**

_____

_____

▷▷ **DESPUÉS DE HABLAR CONMIGO, ME GUSTARÍA QUE LAS PERSONAS SE SINTIERAN:**

_____

_____

▷▷ ¿QUÉ ME GUSTARÍA QUE SE SUPIERA DE MÍ?

_____

_____

_____

▷▷ ¿QUÉ NO ME GUSTARÍA QUE SE SUPIERA DE MÍ?

_____

_____

_____

▷▷ SIENTO MUCHA ADMIRACIÓN POR: _____
ME GUSTA MUCHO LA IMAGEN QUE PROYECTA PORQUE:

_____

_____

_____

▷▷ ¿CÓMO PUEDO VESTIR PARA PROYECTAR ESA IMAGEN QUE DEFINÍ?
PIENSA EN LOS COLORES QUE USARÁS, Y ESOS DETALLES QUE HARÁN
QUE NO TE OLVIDEN:

_____

_____

_____

▷▷ ¿QUIÉNES PODRÍAN AYUDARME A LOGRAR PROYECTAR LO QUE
QUIERO?

_____

_____

_____

_____

RAZONES

POR LAS QUE LA GENTE

COMPARTE UN CONTENIDO

1- Porque nos hace reír.

2- Porque parece imposible de creer o nos asombra.

3- Porque nos conmueve y toca las más profundas emociones.

4- Porque nos hace detenernos y pensar.

5- Porque comparte nuestra manera de ver el mundo.

6- Porque es un tema que no cubren los medios
de comunicación tradicionales.

7- Porque nos saca una sonrisa.

8- Porque tiene un contenido dramático.

9- Porque es provocativo, pero nunca demasiado atrevido.

10- Porque en ocasiones representa una situación
en la que muchos nos vemos reflejados.

LECCIÓN # 12

NO OLVIDES LOS SACRIFICIOS

SACRIFICA EL QUÉ DIRÁN

Una de las cosas que sacrifiqué en el momento de hacer el primer video fue la imagen que otros tuvieran sobre mí. Decidí que a pesar de lo que eso pudiera causarme o significar para mi vida, debía seguir adelante, hacerlo, porque si no jamás lo iba hacer. Siempre, como les decía antes, he recibido todo tipo de comentarios a mis videos: buenos, tiernos, malos y groseros. Al comienzo quedaba muy afectado por los malos comentarios pero ahora he aprendido a escucharlos. Los buenos los tomo, y los destructivos generalmente los ignoro. A veces me pregunto en qué situación tiene que estar una persona para comentar destructivamente un video, solo para hacerte sentir mal; se olvidan de que eres un ser humano, que también sientes y también te pueden doler ciertas cosas. A decir verdad, siento pena por ellos.

Muchas veces es bueno reconocer y enfrentar esas cosas que nos dan miedo o pena para poderlas superar. Sobre este punto, me gustaría que escribieras aquí esas cinco cosas que probablemente te limitarían a la hora de hacer tus videos o de cumplir tus sueños. Pueden ser frases como estas, por ejemplo: "los comentarios que digan que soy feo", "que nadie vea mis videos", "que mis amigos se burlen de mí"... Completa la lista y ¡enfrenta tus miedos!

LISTA DE MIEDOS

√ _____

√ _____

√ _____

√ _____

√ _____

Personalmente, si no me gusta un video lo cierro y sigo con otro, no me pongo a comentar. Normalmente comento solo los videos que me encantan, pero debes saber que hay personas dedicadas a comentar negativamente tus contenidos; esto siempre va a pasar así que despreocúpate, no por ello debes quitar tus videos o peor aún, dejar de hacerlos. Otra cosa que tampoco te recomiendo es contestar malos comentarios, ya que terminarás en una guerra sin fin y que no te trae nada bueno.

Te quiero explicar por qué: muchos seguidores creen que no los leo y que por tanto no les voy a responder. Tengo que aceptar que una parte es cierta, me cuesta mucho poder responderle a todos; sin embargo, sí los leo a todos, pero si me dedicara a responder los malos comentarios, así fuera de la forma más decente e inteligente, estaría dándole más importancia a estos seguidores que solo tienen que decir cosas destructivas. Está mal porque con ese hecho también les estás diciendo a quienes llegan a comentar cosas buenas que estás ignorando sus comentarios, aunque no sea esa la intención con que lo haces. Las personas que dejan comentarios destructivos tienen la opción de no volver a ver mis videos, pero lo que me sorprende es que muchos de ellos cada semana están pendientes de verlos y comentarlos, en ocasiones incluso pueden ser los primeros. Esto me dice que hay algo que les gusta y les cuesta reconocerlo.

SACRIFICIOS DE PRIVACIDAD

Otra situación que tal vez nunca pensé que sucedería y que está un poco relacionada con lo que te vengo hablando es lo que pasa ahora cuando estoy en la calle o en un sitio concurrido. Por ejemplo, si salgo con mis amigos a algún lugar, muchas veces las personas se me acercan con mucho amor y me preguntan cosas o nos tomamos una foto, pero también sucede que nos miran mal y nos dicen cosas negativas. Esto es algo que no me imaginaba, nunca me preparé para esto, ningún ser humano nació para vivir eso, y he tenido que aprender a manejar, con humildad, con amor, y bueno, siendo quién soy, cada una de estas situaciones.

Otro tema importante es perder tu privacidad. Como estás haciendo tus videos y lo que te gusta a través de tu computador en tu casa o tu teléfono, nunca te das cuenta que pasarás de ser una persona desconocida a una que muchas personas reconozcan en diferentes partes del mundo y eso es algo que me encanta. La cantidad de amor que recibes es muy grande; sin embargo, hay momentos para todo, puede ser que tuviste un mal día, quieres celebrar algo con tu familia y a veces se vuelve algo imposible. Sé que es algo que no puedes entender hasta que lo vives en carne propia, y no te voy a mentir, jamás terminas de acostumbrarte, pero aprendes a disfrutarlo.

No quiero en lo absoluto que pienses que todo va ser malo siempre. Es más, cuando digo que se aprende a disfrutarlo, es porque en realidad es así. La primera vez que llegué a México fue increíble, fue hace un par de años, en el 2014 ,y habían 400 personas esperándome en el aeropuerto; no puedo describir con palabras lo significativo que fue esto para mí, la gente tenía carteles, regalos, cartas, dulces... estaban enloquecidos y yo podía sentir todo su amor. Aunque la seguridad del aeropuerto no me permitió siquiera salir sin antes hacer todo un protocolo, todo fue muy bonito, la gente entendió que no era el lugar para reunirnos y poco después fuimos haciendo algunos eventos para conocernos. Esta es, sin duda, una situación que valdría la pena vivir, porque se siente bonito. Lo que era un poco más complejo es que, por ejemplo, en las pasadas grabaciones de *Bailando con la Estrellas*, un programa concurso en el que participé en enero y febrero de 2016, varias personas iban a lo largo del día a saludarme a las instalaciones del canal; yo no tuve problema jamás con saludar también, en ocasiones me sacaba fotos y firmaba algunas cosas.

Uno de esos días no fue el mejor para mí, desde las 8 a.m. estuve en ensayos para el programa y en el trajín de grabaciones y todo lo demás terminamos de grabar a las 10:30 p.m., es decir, doce horas y media de trabajo. Fue un día realmente agotador y a eso súmale que no fue el mejor día para mí dentro del programa, mi pareja de baile y yo recibimos la puntuación más baja que hasta entonces nos daban. Además, tuvimos un problema con la producción por la comida, porque a pesar de que era tarde ninguno había cenado nada (cuando estás haciendo varios movimientos que requieren desgaste físico, tu sistema cardiovascular está trabajando todo el tiempo, si este no está bien alimentado y nutrido, puedes desmayarte).

Eran demasiadas cosas... y luego a las 10:45 p.m., saliendo del canal, había un grupo de personas afuera, entre ellos se encontraban unos que ya habían ido a lo largo del día, otros que habían estado en días anteriores y otros que no. Reconocía que el dilema ahí es que podrías firmar y darles fotos a quienes no tenían aún, pero la lógica humana no funciona así, todos estaban esperando y era un poco injusto darles fotos a unos y a otros no. Yo no me sentía bien, sentía también que no podía sonreír ante los *flashes* y cámaras que estaban ahí para tomar las fotos, entonces inmediatamente me dirigí a la van.

La gente se empezó a volver loca, empezaron a gritar cosas y hacer comentarios que no esperé recibir, varios padres de familia se dirigieron a mí de una forma, digamos, no tan adecuada. Podrían haber estado sus hijos ahí, y hubiese podido ser mi mamá quien estuviera gritando esas cosas y estoy seguro que para nada les habría gustado. Fue un momento incómodo, no se lo deseo a nadie, el transporte arrancó y la única salida que tuve fue desahogarme conmigo mismo y llorar; minutos después me tranquilicé, todo siguió como si nada hubiera pasado, pero son cositas que quedan y que te dejan una gran enseñanza, experiencias que te llevan a saber qué hacer cuando te vuelva a suceder algo similar. Lo que yo te recomiendo es que en cualquier situación primero respires, intenta hacer feliz al resto, sin olvidarte de ser feliz tú también.

SACRIFICIOS DE TIEMPO

Ten en cuenta que ser youtuber es una actividad 24/7, necesitas tiempo para escribir tu guion, para preproducirlo, grabar el video, editarlo (no solo tiempo, sino paciencia), publicarlo y promocionarlo en tus redes. También es importante leer los comentarios y analizar el comportamiento de cada video, para leer e investigar sobre fotografía, planos, iluminación y todo lo que consideres que hace mejores a tus videos. El tiempo es un recurso limitado que es necesario aprender a optimizar, muchas veces tendrás que sacrificar tiempo con tu familia o amigos para poder hacer tus grabaciones.

Paralelo a todo esto, debes estar súper conectado con las demás redes sociales, por eso es tan importante organizarte un poco, si no no podrás tener vida.

Si comienzas ahora, ¿qué tiempos dentro de tu agenda crees que podrías dedicar a convertirte en un youtuber? Te voy a dejar un horario para que lo completes y tengas una idea, recuerda las actividades necesarias para ser youtuber. ¡Que no se te quede ninguna por fuera!

HORARIO DE UN YOUTUBER

HORA	LUNES	MARTES	MIÉRCOLES	JUEVES	VIERNES	SÁBADO	DOMINGO
12-3							
3-6							
6-9							
9-12							
12-3							
3-6							
6-9							
9-12							
12-3							

LECCIÓN # 13

COMPROMISO

Uno de los compromisos que adquieres si quieres que tus videos se vuelvan virales, es el de usar herramientas de *analytics* para analizar los videos y el impacto que tuvieron en tu audiencia. YouTube, particularmente, tiene una herramienta llamada YouTube Creator Studio, que de hecho cuenta con una aplicación para realizadores que te permite revisar tus estadísticas más recientes, responder a los comentarios, recibir notificaciones personalizadas, entre otras cosas.

APRENDE A USAR CREATOR STUDIO

PANEL: Te la voy a describir para que te familiarices con ella. La opción "ver panel" te permite conocer una descripción general de las estadísticas de tu canal, cuáles cargas de videos recientes has hecho y los comentarios destacados (más adelante te explico cómo definir tus comentarios destacados), todo en un solo lugar. Desde el panel puedes elegir por dónde quieres empezar a analizar.

GESTOR DE VIDEOS: En "gestor de videos" o "administrar videos" puedes ver los videos que has cargado, editar los títulos, las descripciones, las etiquetas y cambiar otras configuraciones de tus videos. También podrás ver y administrar tus listas de reproducción, así como las notificaciones que tengas de *copyright*.

EMISIÓN EN DIRECTO: Ahora hay una opción de emisión en directo, ya sea de un evento, para hablar de ti, hacer música, mostrar tus mejores trucos de videojuegos, etc. Tú emites y los de YouTube se encargan de la resolución de tu video y la imagen de tal manera que tus seguidores puedan verte en diferentes dispositivos. Allí tienes un chat directo con el que puedes interactuar con tus fans, y como es costumbre te recomiendo compartir los links en tus otras redes sociales.

⏩ **COMUNIDAD:** En esta pestaña vas a encontrar muchas opciones, una es la de moderar los comentarios, ahí puedes responder, aprobar o eliminar comentarios, así como revisar los comentarios marcados como spam. De igual manera puedes hacer con los mensajes.

Después encontrarás la opción de "suscriptores". Te recomiendo dedicarle un tiempo a ella, pues allí sabrás quiénes te siguen, qué cosas suben, qué les gusta, y conocerlos mejor te dará una buena idea de contenidos adecuados a los gustos de tu audiencia. Luego vienen las opciones de "contribución con subtítulos" y "gestión de subtítulos", que es muy importante si quieres llegar a otro tipo de audiencias en otros lugares del mundo en donde no se hable español, o si haces videos en otros idiomas y quieres que en tu país te comprendan.

Ya sabes que los subtítulos hechos de traducciones automáticas no suelen ser muy fieles a lo que en realidad estás diciendo. Esta opción te permitirá revisarlos para que te des a entender lo mejor posible. Luego, en la pestaña "configuración de comunidad", podrás poner tus filtros automatizados de usuarios aprobados, usuarios ocultos y la lista negra.

La "lista negra" sirve para filtrar y bloquear los comentarios que tengan un alto nivel de coincidencia con las palabras que tú determines. Al crear la lista, estos comentarios se retendrán para que tú puedas revisarlos, y también se bloquean los chats en directo que coincidan con estas palabras. En esta pestaña tendrás la oportunidad de hacer una configuración predeterminada de los comentarios a los videos y los créditos, y de escoger cómo quieres que YouTube destaque los mensajes que tú seleccionaste.

⏩ **CANAL:** Debajo de la pestaña de "comunidad", vas a encontrar una muy especial que es la de "canal", allí puedes ver el estado en el que te encuentras en cuanto a normas de comunidad y derechos de autor. También podrás activar una lista de diferentes funciones como la "obtención de ingresos". Quiero contarte más adelante cómo funciona, pues me he dado cuenta que muchos youtubers no saben que sus videos están siendo monetizados por otras personas que sacan provecho de sus trabajos, y tampoco quiero que eso te pase a ti.

▶▶ **CREAR:** Con Creator Studio tienes la pestaña de "crear", en la que encontrarás una biblioteca de música gratuita y efectos de sonido que puedes usar, así como una herramienta de edición muy sencilla y parecida a la de Movie Maker en la que puedes usar videos de licencia Creative Commons, hacer transiciones, subir fotos, poner tu música y cambiar los títulos.

▶▶ **OTRAS FUNCIONES:** A parte de la función de obtención de ingresos dentro de la pestaña "canal", Creator Studio tiene otras funciones que puedes activar y que te permiten realizar distintos tipos de acciones, como subir videos de más de 15 minutos, que es el límite que por defecto pone YouTube, vincular anuncios o anotaciones externas y elegir miniaturas personalizadas para tus videos, que es súper importante para llamar la atención de tus seguidores.

Puedes ofrecer contenido pago, que tiene una serie de requisitos y está disponible solo en algunos lugares: Australia, Brasil, Canadá, Francia, Hong Kong, India, Italia, Japón, México, Nueva Zelanda, Filipinas, Polonia, Portugal, Corea del Sur, España, Suecia, Taiwán, Uganda, Reino Unido y Estados Unidos. Allí También encontrarás la opción para activar Content ID, o los *claim* de los que te hablé antes en la sección de *copyright*, además de opciones que te permiten tener videos privados y ocultos, así como realizar emisión en directo.

Luego, en la lista debajo la pestaña "canal", encontrarás la opción "valores predeterminados de subida", que básicamente te permite programar de forma estandarizada lo que quieres que suceda con todos los videos que subes, esto lo puedes individualizar. Aquí, por ejemplo, si deseas puedes hacer que tus redes sociales aparezcan en la cajita de descripción de todos los videos que subas.

También vas a encontrar la opción de "contenido destacado" si quieres que algo en particular del video resalte en tu canal, y luego verás la opción de "branding". Esta te permitirá poner marcas de agua en todos tus videos. Yo tengo mi marca de agua, que es una ilustración mía pequeñita que pongo en la esquina inferior derecha de la pantalla y tiene un link de suscripción.

Finalmente, encontrarás las "opciones avanzadas" en las que puedes cambiar tu foto, poner las palabras clave, vincular una cuenta de AdSense, asociar el canal a tu sitio web, ver los suscriptores y algunas otras cositas de las que estuvimos hablando antes. Allí es donde puedes activar el poder aparecer en otras recomendaciones de canales; te cuento que esta opción ha permitido que muchos lleguen a mi canal, y a los amigos que recomiendo también les ha permitido ganar nuevos usuarios.

⏩ **ANALIZA TUS RESULTADOS: ANALYTICS:** En Creator Studio vas a encontrar la opción de "analytics", de la que te estuve hablando al principio de esta lección. Es uno de nuestros más grandes compromisos como youtubers. En esta pestaña, vas a encontrar una lista con diferentes opciones, vamos a ver cada una de ellas:

- VISTA GENERAL: Aquí encontrarás los tiempos de visualización, la duración de cada visita, las reproducciones, los ingresos estimados, los "me gusta" y "no me gusta", los comentarios, videos compartidos, videos en listas de reproducción, los suscriptores, los diez videos más populares, las regiones geográficas principales y el género de tus usuarios, las fuentes de tráfico y las ubicaciones de reproducción, todo de forma gráfica y muy fácil de entender.

- EN TIEMPO REAL: Ahí ves las reproducciones de las últimas 48 horas y los últimos 60 minutos de algún video en particular y te muestra la fecha.

- INFORMES DE INGRESOS: Te muestra los ingresos de los últimos días, pero para acceder a esta opción tu cuenta de AdSense debe estar vinculada.

- TASAS DE ANUNCIOS: Al igual que la anterior, te mostrará las tasas de los últimos días si tienes tu cuenta de AdSense vinculada.

- TIEMPO DE VISUALIZACIÓN: Te muestra tanto el tiempo como el número de visualizaciones, por regiones, fecha, subtítulos, tanto a diario, como de manera semanal, mensual, trimestral o anual. Esto te sirve para ver en qué minuto tu audiencia deja de ver tus videos, si sale mucho un minuto determinado puedes analizar qué cosas no están funcionando del todo bien como para que tu usuario se salga. También puedes ver el incremento que te permite saber si has mejorado o no.

- RETENCIÓN DE LA AUDIENCIA: Podrás observar dos opciones, la primera es la retención absoluta de la audiencia, que te permite ver las partes más populares de tus videos, el número de reproducciones en porcentaje con respecto al número total de reproducciones en cada momento del video. La segunda opción es la retención relativa de la audiencia, en la que puedes ver el rendimiento de un video con respecto a los otros.

- DATOS DEMOGRÁFICOS: Puedes ver el sexo de la audiencia y la edad distribuida en franjas, si bien este comportamiento cambia constantemente. Como te contaba, mi mayor audiencia a veces aparece en México, otras veces en Colombia. La edad también ha variado en estos cuatro años.

- UBICACIONES: Esto te indica si tus videos se ven desde la página específica donde está el video (es decir con el link), o es una reproducción directa desde la página del canal, desde otras páginas de YouTube o debido a inserciones en aplicaciones y sitios web externos.

- FUENTES DE TRÁFICO: Aquí podrás ver aquello que usan tus seguidores para encontrar tus videos, cuáles son las vías que utilizan, si por ejemplo usan Facebook o Twitter. Con esta opción puedes definir un periodo específico para analizar, puedes ver las palabras que usan tus usuarios para encontrar tu contenido, si llegaron a ti por un video sugerido, por los links de la cajita de descripción, por sugerencias de las suscripciones, por las listas de reproducción, por otros canales, por publicidad y tarjetas de tráfico, por notificaciones enviadas a los suscriptores o por alguna otra función de YouTube.

- DISPOSITIVOS: Te muestra si tus videos se ven a través de computadores, celulares, televisores, videoconsolas u otros dispositivos y qué sistema operativo utilizaron tus usuarios.

- INTERACCIÓN DE LA AUDIENCIA (SUSCRIPTORES): Aparecerán tanto los nuevos suscriptores como los que has perdido y esto se distribuye por contenido, ubicaciones y fechas. Cuando entiendes de dónde provienen tus suscriptores, puedes mejorar los canales por los que promocionas tus videos. Aquí también puedes seleccionar cuáles, en concreto, son los videos que atraen a la mayoría de los suscriptores. Aprovecha muy bien esta información.

- ME GUSTA Y NO ME GUSTA: Esta función te muestra los videos que le han gustado y dejado de gustar a tus usuarios, así como las métricas de interacción, como por ejemplo los nuevos votos positivos o negativos añadidos, cambio de suscriptores, el total de interacciones, los videos favoritos añadidos o eliminados, los videos compartidos y los comentarios, entre otros aspectos.

- FAVORITOS: Aquí puedes ver los videos que se han marcado o eliminado de favoritos en un periodo de tiempo determinado.

- VIDEOS EN LISTAS DE REPRODUCCIÓN: Puedes saber las veces que tus usuarios han puesto o eliminado videos de las listas de reproducción, sean las predeterminadas, como "ver más tarde", "favoritos", o las que ellos mismos han hecho. Esto también lo puedes hacer seleccionando un periodo de tiempo.

- COMENTARIOS: Esta función es sencilla pero no menos importante, aquí podrás ver el número de comentarios a tus videos.

- COMPARTIR: Te muestra las veces que se han compartido tus videos haciendo uso del botón "compartir" de YouTube y en los sitios en los que se usa esta opción, como Facebook, Tumblr y Blogger.

- ANOTACIONES: Las anotaciones son los mensajes que pones durante tus videos como "mira el último video de Sebastián Villalobos haciendo clic aquí". En esta opción puedes ver dichas interacciones con las anotaciones, el número de clics y la tasa de cierre de esas anotaciones.

- TARJETAS: Son la versión evolucionada de las anotaciones, pues estas no son solo texto sino también imagen; puedes poner máximo cinco en un video. Hay tarjetas de canal, de donación, de financiación por fans, de enlace, de encuesta, de video o de lista de reproducción. En esta opción podrás analizar la interacción de los usuarios con las tarjetas.

Analizar los comportamientos que tienen las redes se ha convertido en un hábito para mí y es un compromiso con mi propia carrera, te doy un ejemplo: imagina que tengo 2.000 *likes* en un video que tiene 300.000 reproducciones, esto me indica que algo no funcionó con el video que subí, porque normalmente eso no pasa; pero de repente subí un video que tuvo 85.000 reproducciones y 25.000 *likes*, esto me permite entender que aunque tal vez no tuvo el número de reproducciones que yo deseaba, la cantidad de personas a las que les gustó el contenido fue muchísimo más alta, y entonces algo sí funcionó en ese video que generó *engagement*.

Puedo tener muchas suscripciones a mi canal pero si tengo muy pocos *likes*, pues qué sentido tiene. Puedo tener 3'000.000 de suscripciones y por video tener 100.000 *likes*, eso indica que algo bueno está pasando. Para mí es muy importantes el número de *likes* y los comentarios, por eso te digo que los leo todos, y un video sin comentarios sería algo medio raro. Leerlos es parte de mi compromiso, además me encanta la creatividad de las personas que los hacen. Sin embargo, eres tú quien escoge cuáles serán tus métricas o mediciones más importantes.

CUIDA LOS INTERESES DE TUS USUARIOS

Otro de los compromisos súper importantes que adquieres cuando eres youtuber es con tu audiencia, cuidando sus intereses. Te quiero poner un ejemplo: imagina una niña llamada Sofía que tiene ocho años y le encanta ver los videos de Sebastián Villalobos, y de repente yo publico una foto con una persona, Sofía va a su perfil y ve que se la pasa poniendo fotos donde muestra las nalgas (estoy inventando), luego va y le dice a su mamá: "Mira los amigos de Sebastián". ¿Qué va a pasar, teniendo en cuenta que los padres son muy importantes para ella y aún toman algunas de sus decisiones?

Más bien puedo lograr acercarme un poco a las personas importantes para Sofía por otros medios, por ejemplo aprovechando las oportunidades que he tenido en televisión, que es el medio al que probablemente están más acostumbrados sus padres. Busco que ellos me conozcan para que puedan entender por qué a Sofía le gustan mis videos, y fortalecer nuestros vínculos; pero también podría no hacerlo y un solo día salir tomando y fumando en mis videos.

¿Qué van a hacer o qué le van a decir los padres a Sofía cuando la vean viendo ese video?: "¿Qué ves? Estás perdiendo el tiempo ahí, eso no te conviene". La niña probablemente diga: "No, mamá, Sebastián no es así, solo fue un video". Luego, cada vez que este papá o mamá quiera corregir a su hija, lo hará prohibiéndole ver estos videos, y luego si de repente en un video digo algo que a Sofía no le gustó lo primero que dirá es "mis papas tenían razón", y habré perdido a una de mis piezasdelcubo. Cuidar los intereses de mi audiencia es un compromiso, no quiero perder a nadie, todos son importantes para mí.

APRENDE, APRENDE Y NO PARES DE APRENDER

Estudiar es un compromiso, o más que estudiar, aprender. Mira, si existiera una universidad para youtubers probablemente varias materias de diferentes carreras tendían que estar incluidas ahí: comunicación social, actuación, fotografía, emprendimiento, derecho, producción audiovisual, dirección, edición, diseño grafico, economía, negociación internacional, relaciones públicas, marketing y publicidad, entre otras que se me escapan ahora. De todas estas cosas he tenido que aprender, sacar tiempo para ello y lo he hecho a través de mi computador.

Además tienes que estar informado de lo último que esta sucediendo en tu medio; por ejemplo, constantemente salen aplicaciones y redes nuevas y tú tienes que aprender a manejarlas porque empiezan a coger fuerza, en este momento Musical.ly es una de ellas. Por si me quieres seguir, estoy como @sebbbbas

También las mismas experiencias que irás teniendo en tu carrera como youtuber te irán enseñando nuevos conocimientos. Las experiencias que he tenido en televisión, por ejemplo, me han permitido ver cosas que estando solo en YouTube no había notado o conocido.

9 ERRORES COMUNES
QUE NO TE PERMITEN
TRIUNFAR EN LAS REDES

1- NO TENER UN PLAN PARA TUS REDES SOCIALES: Si no tienes unos objetivos claros y los recursos que usarás para llegar a ellos, no tendrás manera de medir el éxito.

2- NO TENER ESTRATEGIA DE CONTENIDO: El contenido genera conversaciones, las conversaciones generan relaciones y las buenas relaciones nos llevan al éxito.

3- OLVIDAR QUE TODOS SOMOS HUMANOS: Trata a las personas como te gustaría que te trataran a ti en la vida real. Sé amable. Recuerda que todo lo que digas hará parte de tu marca personal.

4- IGNORAR LOS COMENTARIOS POSITIVOS EN TUS REDES SOCIALES: Entre más rápido les respondas, más felices harás a tus seguidores.

5- NO COMPROMETERSE CON LAS REDES A LARGO PLAZO: Algunas personas abren un perfil en todo tipo de redes sociales; sin embargo, luego olvidan alimentando y generarle contenido nuevo. No dejes que esto te pase. Es mejor estar en menos redes y tenerlas siempre actualizadas.

6- CONTRADECIRSE EN LAS DIFERENTES PLATAFORMAS: Asegúrate de que tu marca personal sea reconocida en todas las redes con un mismo mensaje. Si dices una cosa en una red social, no promuevas lo contrario en otra.

7- RECUERDA QUE LA MAYORÍA DEL CONTENIDO QUE SE COMPARTE EN REDES ES GRACIOSO: Tú no eres ajeno a esta realidad, así que imagina que tus seguidores son tus amigos y comparte con ellos (en la medida de lo posible) contenidos que los alegren.

8- MUCHA CANTIDAD Y POCA CALIDAD: Es importante enfocarnos en contenidos que los demás quieran ver y compartir, no subas videos solo para llenar tu plataforma. Si no pones contenidos que sean relevantes para tu audiencia, perderás seguidores rápidamente.

9- LA IRREGULARIDAD: Cambiar y actualizar tus contenidos con frecuencia es clave para el éxito. Acércate a tus seguidores por lo menos una vez al día con algún tipo de contenido.

LECCIÓN # 14

LA PREGUNTA DEL SIGLO: ¿CÓMO GANA UN YOUTUBER?

Creo que esta es una de las preguntas más constantes que me hacen, tanto en entrevistas como gente en la calle y mi respuesta siempre será la misma: aunque no considero a YouTube como un trabajo porque es algo que me apasiona, sí vivo de esto ya que estoy dedicado a ello el 100% de mi tiempo. Para que entiendas un poco cómo funciona el tema de la monetización, aquí te lo explico.

El programa para *partners* de YouTube es la forma en la que los creadores de videos podemos obtener ingresos de esta plataforma. Hay una serie de requisitos para ser apto y participar del programa: primero que tu cuenta esté en buen estado y nunca se haya retirado del programa de monetización. Luego, que tu contenido sea original y se ajuste al contenido de los anunciantes.

Esta es una de las razones por la que es bueno que te esfuerces en hacer una buena edición de tus videos. También analizan que no infrinjas las condiciones de servicio ni las normas de comunidad de las que te hablé antes, y además que hayas revisado todo lo correspondiente a derechos de autor que YouTube ha desarrollado.

Algunos videos no los podrás monetizar si tienen contendido musical en donde no se puedan compartir los ingresos, como lo que te conté antes de mi video del *Playback Challenge*. De igual forma pasa con los gráficos e imágenes, fotos, dibujos, películas, programas de televisión o eventos en directo (conciertos, competencias, etc.).

Si cumples estos requisitos, en la sección en donde estamos, vas a la pestaña de obtención de ingresos, le das clic en "activar" el programa de obtención de ingresos en mi cuenta. Allí te van a aparecer los términos del acuerdo del programa y te explican, entre otras cosas, el reparto de los ingresos, cuál es el porcentaje que ganas por publicidad y por suscripción, así como los requisitos para el pago de cuentas, los términos, limitaciones e impuestos de pago, la ley aplicable y algunas otras disposiciones.

Una vez hayas aceptado las condiciones podrás activar la monetización en tu canal y permitir que los videos tengan anuncios en ellos y así obtener los ingresos. Los videos que actives deberán ajustarse a los requisitos de los anunciantes, que no necesariamente son los mismos de YouTube en cuanto a qué tan apropiados son para la audiencia; ellos tienen varias herramientas para analizar los videos.

Debes poder acreditar por medio de documentos tu contenido en caso de que se requiera, cumplir con las condiciones y normas de la comunidad, tener los derechos comerciales del contenido audiovisual; si compraste la música por iTunes, por ejemplo, no vale. Entonces, regresando a la explicación, puedes activar la obtención de ingresos al momento de subir el video o después de haberlo subido, solo das la opción y ahí te muestra el tipo de anuncios que puedes poner y guardas los cambios.

⏩ TIPOS DE ANUNCIO DE *DISPLAY*:

- » Los que aparecen a la derecha de tu video.
- » Los de superposición, que son como transparenticos.
- » Los saltables, que puedes eludir después de 5 segundos.
- » Los que no se pueden saltar y duran máximo 30 segundos.
- » Las tarjetas patrocinadas, que aparecen en alguna esquina y luego desaparecen.

ADSENSE

0136 ←
0137 →

Para recibir los ingresos de uno o varios videos debes tener una cuenta de Google Adsense aprobada (AdSense es una forma gratuita de obtener ingresos publicando anuncios de otras personas). Para ello, vas a la opción de monetización, luego a "¿cómo recibiré los pagos?", después te va a aparecer la página de asociación de AdSense, ahí puedes elegir la cuenta de Google que quieres usar, el sistema te solicita la contraseña, le das "aceptar".

Más adelante puedes poner tu información de contacto y envías la solicitud, que se demora hasta 48 horas para que quede activada.

Antes, cuando no estaba el programa para *partners*, tocaba enviar un formulario, que de hecho todavía en algunos países es necesario, y ellos te aprueban o no. Cuando yo inicié me presenté cinco veces y no me aceptaron, entonces tuve que hacerlo por medio de las redes multicanal.

REDES MULTICANAL O NETWORKS

Existe otra forma de monetizar diferente a YouTube, que es muy usual: es por medio de redes multicanal. Es muy similar a YouTube pero allí se comprometen a darte una atención más personalizada y beneficios. Si firmas un contrato con ellos se encargarán de monetizar tu contenido, distribuirlo, ofrecer asistencia a los creadores en diferentes temas, como programación, financiación, gestión de derechos digitales, obtención de ingresos y aumento del público, entre otros. Sin embargo, tienes que ser muy cuidadoso a la hora de unirte a uno de ellos y revisar lo que estás firmando en esos contratos, pues tienes que tener la libertad de irte si no te están dando nada de lo que te prometieron. Busca ayuda de un abogado por medio de tus padres.

Actualmente estoy en Maker, antes estaba en AdSense y la primera red que usé fue Fullscreen, pues mis amigos de México me la recomendaron en esos momentos difíciles que tuve. Ellos normalmente ofrecen muchos beneficios y se convierten en los administradores de tu canal quitando un porcentaje de los ingresos totales que ganas en un mes, que por lo general está entre el 10 y 20%.

Te recomiendo que cuando diligencies toda esta parte del contrato y de inscribir tus cuentas para pagos, recibas la ayuda de tus padres o un adulto. A veces podemos cometer errores en la vinculación y eso nos dejará sin recibir nuestros ingresos. A mí me pasó cuando abrí mi cuenta de AdSense; como es posible vincular varios canales a una misma cuenta, sin darme quedó vinculada a la cuenta de un tercero. Me di cuenta tiempo después, cuando vi que no estaba recibiendo ningún tipo de pago y luego de investigar qué había sucedido, pude darme cuenta que la persona que recibía el pago jamás me informó.

El conocimiento no es suficiente para lograr ser un youtuber o cualquier cosa en la vida. Para mí algo que ha sido importantísimo es ponerme metas claras y la constancia en mi forma de lograrlo. Cuando tienes claro lo que quieres, la constancia es clave; a pesar de cualquier contratiempo, comentario, situación, falta de herramientas, de cámara, de computador, de programas e incluso de ideas, pues en ocasiones me ha pasado, pero nada debe impedir que te mantengas en tu meta.

Creo que no solo ocurre en YouTube sino en todo lo que te propones en la vida, es ese trabajo inalcanzable por lograr lo que tú quieres es lo que te llevará al éxito. Creo que hay dos partes fundamentales: prepararte y comprometerte a dar lo mejor de ti; bueno, en mi caso creo que es lo que me ha funcionado para ir alcanzando mis sueños de filmar una serie con Disney, presentar la versión colombiana de los premios Nickelodeon, e incluso poder estar haciendo este libro, entre otras cosas.

Lo más curioso de todo es que en muchos casos para los adultos es difícil entender que lo que he aprendido en mi vida lo he hecho a través de tutoriales y libros por Internet. Entonces, les suena muy raro que yo no haya ido a la universidad (y no es que yo diga que está mal ir a la universidad) pero sí creo que hoy en día gracias a Internet tenemos acceso a tanta información que no tienes que esperar entrar a la universidad para empezar a aprender sobre aquello que harás por el resto de tu vida. De hecho, yo aprendí a hacer mis videos mientras estaba en el colegio y no hay un solo día que no haya aprendido algo nuevo; cuando estaba allí tenía sueños como cualquier persona de mi edad: algún día tener una entrevista, conocer a diferentes famosos, graduarme del colegio, hacer una carrera, poder ayudar a mi mamá con los gastos de la casa, entre otras cosas. Hoy día siento que mis sueños han superado totalmente mis expectativas y cada vez tengo más metas y también más ganas de cumplirlas.

⏩ **ESCRIBE AQUÍ CUÁL ES UNO DE TUS SUEÑOS**

_____

⏩ **Y CUÁLES SON ESAS CINCO COSAS QUE QUIERES APRENDER PARA PODER LOGRARLO**

- _____
- _____
- _____
- _____
- _____

Tampoco tienes que esperar a salir de la universidad para empezar a especializarte, y ni siquiera tienes que estar allí para aprender. Muchas personas se limitan porque no tienen el dinero para ingresar a una institución académica superior, pero aprender es cuestión de ganas y ahora existen muchas herramientas gracias a Internet.

Hay cosas que de pronto no te llaman la atención pero debes aprender, y ahí necesitarás mucha constancia; yo no esperaba aprender de derechos de autor, por ejemplo, pero lo hice, y ha sido bueno. En la medida que aprendes debes también poner en práctica tus conocimientos, darte cuenta de qué funciona con lo que haces y qué no, y mejorar, no caer con el primer error porque siempre vas a cometer errores.

Necesitas disciplina para ejecutar lo que te propones, y para afilar tus habilidades; en mi caso, en generar contenidos, en subir los videos, en editarlos con calidad. Tal vez hay días en los que no te sientes muy animado para hacerlo, pero esfuérzate en ser constante y sigue. ¿Sabes?, en el programa _Bailando con las Estrellas_ de RCN admiré muchísimo la constancia y la disciplina de los bailarines, nadie imagina lo difíciles que son sus rutinas hasta que las vives.

Uno de los "enemigos", si se puede llamar así, de la constancia son los diálogos internos no controlados, esos miedos e incertidumbres que terminan poniéndote límites a la hora de lograr una meta o incluso antes de empezar a luchar por algo. Esos miedos, dudas, incertidumbres que de pronto tienes y que es importante que los reconozcas para que cada vez que aparezcan puedas darte cuenta y sacarlos con un pensamiento positivo. ¡Qué te parece si las escribes acá!

MI DIÁLOGO INTERNO O MIEDOS

El objetivo de escribir esos diálogos internos es que puedas reconocerlos cada vez que se pasean por tu cabeza y los elimines. ¿Crees que no puedes?, pues hazlo, y así sea con errores, vas a darte cuenta de que muchas veces el mayor enemigo que tienes pueden ser tus propios pensamientos.

Cuando logras superar esas barreras que tal vez tú mismo te impones, tu confianza en ti crece y por tanto también tu habilidad de ser constante. Es muy agradable darte cuenta de que sí puedes. No te imaginas la alegría que tuve el día que conseguí que 100.000 personas se suscribieran a mi canal, o la primera vez que logré 300 visitas. Esas cosas me hicieron darme cuenta de que sí era posible y me incentivaron para seguir adelante, por eso hoy al ver que somos más de 13 millones de PDC en el mundo se ha convertido en uno de mis grandes motores (junto a mi familia) para seguir adelante.

AQUÍ TE DEJO EL VIDEO PARA QUE VEAS MI REACCIÓN.

La constancia se ve reflejada en el ejercicio de los hábitos, pero para tener un hábito necesitas repetir una acción varias veces, y para ello debes concentrarte y meterle todas las ganas. Intenta hacerlo poco a poco y verás que lo lograrás en cualquier meta que te propongas.

Perder el miedo a fallar o ver los errores como parte natural del aprendizaje te permitirá quitarte limitantes que no te dejan conseguir lo que estás buscando. Te impedirá arriesgarte a hacer cosas diferentes y únicas, que son las que te llevarán a hacer cosas realmente excepcionales. Para esto algo clave es rodearte de personas que te inspiren y motiven a tomar estos riesgos y que te den la fuerza necesaria para hacerlo, en mi vida soy afortunado de tener a mi familia y a mis PDC, que son mi motor.

EL APOYO DEL YOUTUBER

Aunque no lo creas, muchas personas desisten de grandes ideas con el primer mal comentario que reciben de alguien cercano, pero una actitud de apoyo puede cambiar eso enormemente, personas así son como ángeles. En mi caso, he recibido el apoyo de muchas personas, pero en especial el de mi mamá. Ella nunca me dijo que no lo hiciera, o que estaba loco por querer ser un youtuber cuando ni siquiera sabía qué era eso, ella me daba y me sigue dando ánimo y fuerzas cuando las necesito y hasta cuando no. Me decía que intentara, que viera si funcionaba, no me cortó las alas en ningún momento y es algo que agradezco mucho, porque si no hubiese sido así y ella me hubiera dicho que no hiciera eso, o que era una bobada, que definitivamente estaba perdido, no habría llegado a donde estoy hoy. ¡Mami, te amo!

Siempre hay alguien que te va a ayudar a ser constante cuando crees que no puedes más. Sé que fui afortunado en el momento en el que mi mamá me apoyó, pero esto no quiere decir que si tu mamá o tus padres no te apoyan en algo, está mal. Nos cuesta aceptar que en algunos de los casos sus NO tienen sus razones y por eso es importante escuchar su opinión. A veces, nosotros debemos explicarles y hacerles ver por qué están equivocados; en otras ocasiones, como en esta que les voy a contar, terminamos aceptando que tienen la razón y agradeciéndoles el resto de nuestros días por esto.

Cuando estaba cursando la mitad del último grado del colegio, quise no terminar y dedicarme solo a hacer videos de YouTube, pero mi mamá en este caso no me apoyó, y como yo estaba tan decidido me puso el límite de que si no me graduaba, tenía que buscar otro lugar para vivir. Aunque confieso que en su momento me dio mucha rabia, en el fondo sabía que tenía la razón de hacerlo y fue algo que ayudó a fortalecer nuestra relación porque intervino y me ayudó a culminar esa etapa, que ahora entiendo que es súper importante. Por eso cuando tengas un comentario de tus seres queridos escúchalos y si no estás de acuerdo, háblalo con ellos, seguro encontrarán la mejor solución juntos.

A mí, mi mamá me ayudó a mantener el foco y a ser constante en mis propósitos. Me encantaría saber quién o quiénes son esas personas que te ayudan a ser constante, que te apoyan en tus ideas, porque esas personas merecen todo. Escribe los nombres de esas personas aquí:

- _____
- _____
- _____

Si quieres, tómate una *selfie* y compártela en mi Twitter con el *hashtag* #SebasMiApoyoEs. Me encantaría y me intriga muchísimo conocer quién te apoya y quién está contigo (esto es un *call to action*).

MI MAMÁ
ES MI MAYOR
APOYO.

LECCIÓN # 16

VISIÓN SIN
LÍMITES

0

Muchas veces me han hecho la pregunta ¿qué va a pasar con tu canal? o ¿qué va a pasar contigo?, y es una pregunta importantísima porque es precisamente la que tiene que ver con aquello que yo considero lo más importante en mis lecciones para ser un youtuber o cualquier cosa que quieras en la vida: la visión. Normalmente, si estudias ciencias políticas después tu visión es convertirte en un politólogo reconocido, o si estudias administración quieras ser el próximo Bill Gates o el próximo Steve Jobs.

En mi caso, creo que las posibilidades son infinitas. Cuando veo en dónde están hoy los chicos de Smosh, me asombro y me inspiro. Ellos son youtubers que tienen su propio programa de televisión, ya tienen una película, un estudio de producción audiovisual increíble, muchos han sacado sus propias marcas y productos, han hecho grandes empresas y todos empezaron haciendo videos. También es el caso de Justin Bieber, que mira en dónde está ahora, es un chico que se ha esforzado mucho para estar donde está y ser quien es. ¡Wow!

Hace cuatro años yo ni siquiera imaginaba todo lo que iba a surgir con el simple hecho de tomar una decisión de querer ser el mejor divirtiendo gente con mis videos. En ese momento esa decisión me pareció tan insignificante y hoy día le agradezco a la vida, a Dios y a mí mismo por haberla tomado, tuve un cambio de 180 grados. Había muchas cosas que yo no tenía claras en el colegio en cuanto a qué me quería dedicar, ahora todo parecer ser más evidente.

Hace dos años comencé a recibir muchas propuestas. Lo que hago tomó una fuerza increíble. No solamente diferentes marcas, sino canales de televisión se han acercado a hacerme alguna propuesta y he tenido la oportunidad de trabajar con marcas como Coca-Cola, Fanta, Sprite, P&G, Bubaloo, y estar en canales de televisión como RCN, Univisión, Telemundo, Caracol, Nickelodeon y Disney Channel.

Hoy en día me siento afortunado de tener el apoyo de Maker Studios, la Red Multicanal de Disney, quienes además de llevarme a ser parte de su red me están apoyando para desarrollar nuevo contenido en mi canal, en la distribución de este y en llevarme a otras de sus plataformas como Disney Channel para ciertos proyectos. Todo se trata de perseguir tus sueños sin morir en el intento.

Todas estas han sido experiencias maravillosas. De cada uno de los trabajos siempre me llevo algo muy bonito y todo es experiencia en esta vida. Me gusta mucho preguntarme cómo estoy aprovechando cada cosa para en realidad ser feliz, y algo que aprendí alguna vez de un profesor, y que hoy te quiero dejar, es que pienses qué quieres hacer el día de mañana y te respondas la siguiente pregunta:

▶▶ **¿QUÉ ESTÁS HACIENDO HOY PARA LO QUE QUIERES LOGRAR MAÑANA?**

_____

_____

_____

_____

_____

_____

_____

_____

Mi respuesta a esta pregunta es sencilla: lo que yo estoy haciendo es dar todo de mí para cumplir mis sueños y eso me hace muy feliz, para que mañana también lo sea. ¡Sé feliz y comparte con el mundo un poquito de tu felicidad!

EN TU CANAL **ERES TÚ**

QUIEN TIENE LA POSIBILIDAD DE PENSAR CUÁLES SON
LAS PALABRAS EXACTAS QUE QUIERES USAR
Y LAS PREGUNTAR QUE TE QUIERES RESPONDER
PARA CONQUISTAR A TU AUDIENCIA.

¡TOMA EL CONTROL!

PALABRAS FINALES

▶️

ESPERO QUE TE HAYA SIDO ÚTIL ESTE MANUAL DE SUPERVIVENCIA EN YOUTUBE. PARA MÍ FUE TODO UN HONOR HABER COMPARTIDO CONTIGO MIS CONOCIMIENTOS Y EXPERIENCIAS, LAS HISTORIAS QUE COMENZARON A SURGIR CUANDO ME ARRIESGUÉ A COGER ESA CÁMARA DE MI MAMÁ Y TODO LO QUE HE LOGRADO GRACIAS A YOUTUBE. DESDE ENTONCES, MUCHAS COSAS HAN CAMBIADO EN MI VIDA.

YOUTUBE SE HA ENCARGADO DE ABRIRME LAS PUERTAS Y LA MENTE, DE RETARME A APRENDER POR MI CUENTA, DE LUCHAR POR LO QUE QUIERO, ASÍ COMO DE POTENCIAR MIS TALENTOS. ME HA AYUDADO A DARME CUENTA DE QUE PUEDO REALIZAR CUALQUIER COSA QUE DECIDA HACER.

CUALQUIER TALENTO, TRUCO O COSA QUE YO SEPA LO PUEDO COMPARTIR CON LAS PERSONAS QUE VEN MIS VIDEOS Y NOS PODEMOS SORPRENDER ENTRE TODOS, TENER MOMENTOS Y EXPERIENCIAS INOLVIDABLES. TAMBIÉN ME HIZO DESCUBRIR PERSONAS EXTRAORDINARIAS QUE SE HAN CONVERTIDO EN MI GRAN FAMILIA DEL INTERNET Y QUE HOY TODO EL MUNDO LAS CONOCE COMO MIS PIEZAS DEL CUBO, ELLAS SON MI GRAN INSPIRACIÓN.

YOUTUBE ESTÁ ESPERANDO EL MOMENTO PARA ESCUCHAR QUÉ TIENES TÚ PARA DECIR, PARA MOSTRAR Y PROPONER. EN COMPAÑÍA DE YOUTUBE VOY A ESTAR FELIZ Y ORGULLOSO DE VER ESE TRABAJO Y SENTIR CADA DÍA QUE LO HACES MEJOR, QUE QUE CADA VIDEO ES MEJOR QUE EL ANTERIOR, Y SIEMPRE PONES UN PEDACITO DE TU VIDA, DE TU ESENCIA, DE LO QUE ERES COMO PERSONA Y COMO YOUTUBER. SORPRENDE A LA GENTE, CÓMETE EL MUNDO ENTERO, SIN MIEDO A ARRIESGARTE. FIN

... O el inicio de tu futuro (ve a la página siguiente).

◉ MI PRIMER VIDEO

⏩ TEMA DE MI PRIMER VIDEO:

⏩ ESTRUCTURA DE MI VIDEO: (INTRODUCCIÓN - MOMENTO *RANDOM* - CONTENIDO - REMATE - DESPEDIDA)

⏩ CONCLUSIÓN:

Sácale una foto a esta página y envíamela a mi Twitter. ¡Quiero ser el primero en ver tu sueño plasmado @villalobossebas! #SebasMiPrimerVideo

GLOSARIO

- ADSENSE: Es una forma gratuita de obtener ingresos publicando anuncios de otras personas en los sitios web y redes de quienes quieren ganar el ingreso.

- APP: Forma corta de decir aplicación.

- BIO: Forma corta de decir biografía.

- CALL TO ACTION: O llamado a la acción, es una invitación a los usuarios a realizar algo específico.

- CANAL: Lugar donde recopilas y muestras los videos de YouTube.

- CONTENT ID: Herramienta de YouTube para saber si tus contenidos están siendo usados sin autorización.

- CREATOR STUDIO: Herramienta de YouTube donde se encuentra todo lo necesario para la edición de videos y la gestión del canal.

- DM: Es un mensaje directo que se envía de manera privada a un usuario por medio de Twitter. Deben seguirse mutuamente para que la otra persona pueda recibirlo.

- ETIQUETA: Es una palabra o frase que describe el contenido de la publicación.

- ETIQUETAR: Incluir el nombre de otro usuario en tu publicación.

- FACEBOOK: Red social para estar en contacto con amigos, familiares y diferentes grupos de interés.

- FAV: Forma corta de decir favoritos. Expresión usada en Twitter.

- FILTRO: Efecto que aplicas a las fotos.

- FILTRO MÓVIL: Efecto en movimiento que puedes aplicar a una foto o un video corto, especialmente usado en Snapchat.

- FOLLOWER: Es la forma de llamar a los seguidores en Twitter y en otras redes sociales.

- GOOGLE+: Red social para estar en contacto con diferentes círculos sociales de interés.

- HASHTAG: Palabra o frase precedida del símbolo "#" y sin espacios que clasifica contenidos.

- INSTAGRAM: Red social para subir fotos con filtros y videos de corta duración.

- INSTAGRAMER: Usuario activo de la comunidad Instagram.

- LIKE: Ícono representado con una mano con el pulgar arriba para permitirle al usuario expresar su gusto por el contenido del video.

- LINKEDIN: Red social de uso laboral que permite a sus usuarios poner su currículum vitae en línea y otros puedan verlo.

- LISTA DE REPRODUCCIÓN: Grupo de videos o música sobre un mismo tema o género.

- MARCA PERSONAL O *PERSONAL BRANDING*: Es considerar a la persona como una marca y por tanto debe ser diseñada y ejecutada para marcar la diferencia en una categoría determinada frente a otras personas.

- MUSICALLY: Es una aplicación que le permite a sus usuarios crear, compartir y descubrir videos cortos.

- PDC: Piezas del cubo.

- PIN: Publicación hecha por medio de Pinterest.

- PINTEREST: Red social para clasificar imágenes y videos en distintos tableros temáticos.

- POST: Publicación realizada en una red social.

- PROGRAMA PARA *PARTNERS* DE YOUTUBE: Es la forma en la que los creadores de videos podemos obtener ingresos de YouTube.

- REPRODUCCIONES: Número de veces que un video o los videos de un canal son vistos.

- *SELFIE*: Foto que se toman a sí mismas las personas.

- SNAP: Envío de publicaciones en Snapchat.

- SNAPCHAT: Red social dedicada al envío de archivos que se desaparecen después de un número de segundos determinado por quien envía el *snap*.

- SNAPCHATTER: Personas que usan intensivamente Snapchat.

- STREAMING: Transmisión de un evento en medios virtuales.

- STRIKE: Advertencia que YouTube hace a los usuarios cuando están haciendo uso incorrecto de la red.

- SPAM: Mensaje basura o mensaje no solicitado que pones en tus redes sociales y tus seguidores no lo identifican contigo.

- SPAMEAR: Llenar tus redes de mensajes no deseados por tu audiencia.

- TIMELINE: Línea de tiempo que muestran algunas redes sociales con el orden cronológico de las publicaciones.

- TRENDING TOPIC: Tema sobre el que más se habla en Twitter y es tendencia en determinado momento y lugar.

- TWITTER: Red social de *microblogging* que permite enviar mensajes en 140 caracteres, así como imágenes y videos de corta duración.

- TUIT: Publicación de Twitter.

- **TUITEAR:** Acción de enviar mensajes a través de Twitter.

- **TUITERO:** Persona que usa Twitter.

- **RETUIT:** Compartir un tuit de otro usuario a los propios seguidores.

- **URL:** (Uniform Rersource Locutor, por sus siglas en inglés) Secuencia de caracteres utilizada para identificar una página web en internet.

- **VINE:** Red que permite publicar videos de seis segundos.

- **VINE** (en minúscula): publicación de Vine.

- **VINEAR:** Publicar un vine.

- **VINER:** Usuario intensivo de Vine.

- **YOUTUBE:** Sitio web para subir y compartir videos.

- **YOUTUBE ANALYTICS:** Herramienta de YouTube que permite analizar las métricas de tus videos.

- **YOUTUBER:** Tú y yo, que hacemos videos y los compartimos en YouTube.

- **YOUNOW:** Red social para hacer *livestreaming*.

- **YOUNOWER:** Usuario reconocido en la red YouNow.

¡FINALMENTE GRACIAS!

A ti, por hacer tu mayor esfuerzo para tener este libro en tus manos.

A mi mamá, por ser la primera en creer en mí desde siempre, por ser mi *partner*, mi cómplice, mi mejor amiga.

A mi tía, por ser la primera persona de mi familia que me acompañó y se sumó a este bonito mundo de la Internet.

A Juan, por ser el mejor súper héroe que cualquier Sebastián Villalobos podría tener.

A mis amigos, por hacerme llegar su apoyo. Por, además, hacer parte de este sueño, porque cuando estemos más grandes y recordemos todo esto, vamos a estar felices y felicitándonos los unos a los otros por esta increíble labor.

A Los Caballeros, por acompañarme en este proceso tan bonito y enseñarme tantas cosas.

Al resto de mi familia, por siempre estar pendiente de cada cosa que pasa conmigo, los extraño mucho.

A LatinWE por el increíble manejo, el trabajo y la buena labor que han hecho con mi carrera.

A Lina, por los consejos, por la paciencia, el amor y el cariño con el que ha ayudado a sacar mi carrera adelante.

A las marcas, por confiar en mi talento y arriesgarse a hacer algo con él.

A Planeta, por ayudarme a cumplir este sueño de tener mi propio libro (¡no puedo creer que sea un hecho!).

A YouTube por darme la herramienta que me hizo estar aquí, dando cada uno de estos agradecimientos.

A MIS PIEZAS DEL CUBO, porque lo son todo para mí y lo serán hasta el fin de los tiempos.

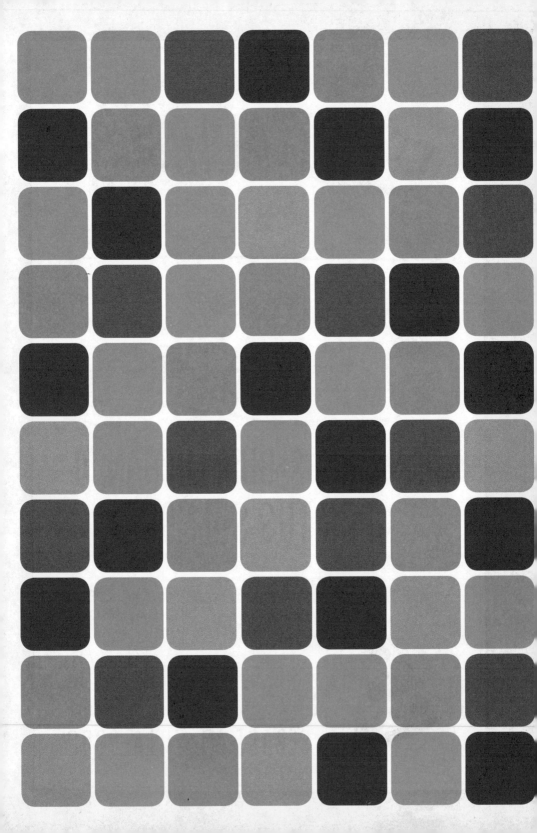

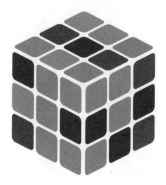